Los siete contra Tebas

ESQUILO

Los siete contra Tebas

PRÓLOGO DE
ARACELI STRIANO CORROCHANO

TRADUCCIÓN DE
BERNARDO PEREA MORALES

GREDOS

Volumen original: Biblioteca Clásica Gredos, 97.
Asesor de la colección: Luis Unceta Gómez.

© del prólogo: Araceli Striano Corrochano, 2025.
© de la traducción y las notas: Bernardo Perea Morales.
© de esta edición: RBA Libros y Publicaciones, S.L.U., 2025.
Avda. Diagonal, 189 – 08018 Barcelona
www.rbalibros.com

Primera edición en esta colección: noviembre de 2025.

RBA • GREDOS
REF.: GCLA044
ISBN: 978-84-2494-133-8
DEPÓSITO LEGAL: B. 18.325-2025

EL TALLER DEL LLIBRE • PREIMPRESIÓN

Impreso en España – *Printed in Spain*

PEFC Certificado
Impreso en papel que
procede de bosques
gestionados de forma
sostenible y fuentes
controladas
PEFC/14-38-00245   www.pefc.es

CONTENIDO

PRÓLOGO

por

ARACELI STRIANO CORROCHANO

1. ESQUILO, EL PRIMER TRAGEDIÓGRAFO

Poco se sabe de las vidas de Esquilo, Sófocles y Eurípides, los tres grandes trágicos de la antigua Grecia. Los datos más fiables proceden de lo que se dice de ellos en la obra de otros autores griegos cercanos en el tiempo. Por ejemplo, Esquilo y Eurípides se convierten en personajes de ficción en la comedia *Las ranas* de Aristófanes, lo que nos da la gran oportunidad de conocer al menos cuál era la visión —un tanto distorsionada, naturalmente— de sus compatriotas sobre ambos poetas. Las demás noticias sobre Esquilo nos han llegado a través de *Vida de Esquilo*, un texto anónimo que encabeza la edición de sus tragedias en uno de los códices que nos las transmiten, y de alguna entrada de la enciclopedia bizantina *Suda*.

Los relatos de las vidas de poetas tan emblemáticos y conocidos suelen estar salpicados de anécdotas inverosímiles, frecuentes en estos casos. Por ejemplo, en *Vida de Esquilo* se recoge una que tuvo mucho éxito y que se repite en distintos

9

autores de época romana —Eliano (siglos II-III d. C.), Valerio
Máximo (siglo I d. C.) y hasta el propio Plinio el Viejo en su
Historia Natural— y en la *Suda*, según la cual Esquilo murió
al caerle en la cabeza una tortuga que un águila soltó de sus
garras en pleno vuelo.

Otro de los datos biográficos sospechosos es una casuali-
dad, probablemente inventada, que relaciona las vidas de los
tres poetas trágicos con la famosa batalla naval de Salamina
en la que los griegos vencieron a los persas. Según la tradición, Esquilo participó como soldado en la batalla, Sófocles
formó parte del coro que celebró la victoria y Eurípides nació
el día en el que tuvo lugar. Seguramente es una invención,
pero con visos de verosimilitud al menos en el caso de Esquilo, cuyo vívido relato de la batalla naval en su tragedia *Los
persas* podría corroborar la noticia.

Por lo demás, se sabe que Esquilo nació en Eleusis, loca-
lidad cercana a Atenas, en el año 525 a. C. y que murió en la
ciudad siciliana de Gela en el año 456 a. C., adonde había
acudido invitado por el tirano Hierón I. Del poeta ha tras-
cendido a través de Pausanias (I 15, 5) y de Ateneo (627c)
que, al parecer, quiso que en su epitafio se mencionara únicamente su presencia en la batalla de Maratón y que no hubiera ninguna referencia a su condición de tragediógrafo. El
supuesto epitafio viene recogido en *Vida de Esquilo* y, en traducción de Manuel Fernández Galiano, dice así:

> Este sepulcro de Gela la rica en cereales
> contiene a Esquilo, el hijo de Euforión, ateniense.
> De su eximio valor hablarán Maratón y su bosque
> y el cabelludo medo, que le conocen bien.

2. CONTEXTO HISTÓRICO DE LA TRAGEDIA

La tragedia es un género nacido en Atenas e íntimamente ligado a la democracia. Tras el enfrentamiento con los persas, la región ateniense vive un momento de esplendor económico, cultural y político; son los cincuenta años posteriores a las guerras médicas, la llamada *pentecontecia*, un período de paz que dura hasta la guerra del Peloponeso en la que Esparta y sus aliados vencen a Atenas después de unos años terribles que empobrecieron a todos los contendientes. Las obras de teatro que conservamos completas fueron representadas cada año desde el 472 a. C., ocho años después de la victoria sobre los persas en Salamina, hasta el 401 a. C., tres años después de la derrota de los atenienses en la guerra del Peloponeso. *Los siete contra Tebas* se escenifica en los inicios del período de esplendor ateniense, en el año 467 a. C. Las bases de la democracia habían sido introducidas por Clístenes unos años antes, en el 507 a. C. En el año 478 a. C., se creó la liga de Delos, la alianza marítima de los griegos, para estar siempre preparados ante cualquier ataque del Imperio persa. Al frente de la liga, Atenas consolidó su poder marítimo. En política interior, el poder de los aristócratas atenienses estaba cada vez más limitado. Unos años después, en el 461 a. C., Pericles se convierte en el político más influyente de la ciudad.

El retrato que Esquilo hace en *Los siete contra Tebas* del rey de Tebas, Eteocles, protagonista de la obra, como un hombre prudente, que sabe manejar de la ciudad, se inscribe en este contexto político. La salvación final de la ciudad, aun después de la muerte de su rey, responde a la misma ideología: una ciudad no depende de una única persona y puede sobrevivir sin ella. Lo importante es el conjunto de los ciudadanos que la conforman.

3. *LOS SIETE CONTRA TEBAS*

La pieza fue presentada en el festival de las fiestas Dionisias urbanas de Atenas que tenían lugar en la ciudad a lo largo de cinco días entre los meses de marzo y abril, es decir, en primavera, en un momento en el que acudirían a la ciudad visitantes de todas partes, atraídos por el buen tiempo y por el festival teatral. Se trataba de un concurso al que se presentaban tres tragediógrafos con tres tragedias y un drama satírico (en el que el coro estaba formado por sátiros) cada uno, y cinco comediógrafos con una comedia por competidor.

Esquilo presentó *Los siete contra Tebas* en el año 467 a. C., dentro de una trilogía precedida de otras dos obras de las que únicamente conservamos los títulos: *Layo* y *Edipo*. El drama satírico que las acompañaba se titulaba *La esfinge*. De ello se deduce claramente que las piezas formaban parte de un conjunto temático homogéneo que giraba en torno al mito de Edipo y de la saga de la casa real tebana a lo largo de tres generaciones. El éxito obtenido por el poeta hizo que se llevara el primer premio en esa ocasión.

4. LA SAGA DE EDIPO EN LAS TRAGEDIAS DE ESQUILO, SÓFOCLES Y EURÍPIDES

Esquilo debió de desarrollar la historia completa de la saga de Edipo en las tres tragedias que presentó a concurso en 467 a. C., pero no sabemos en qué términos lo hizo exactamente. Por ello, al ser la última de la trilogía, no se dice en *Los siete contra Tebas* cuál fue el origen del enfrentamiento entre Eteocles y Polinices, pues la tragedia comienza cuando ya se ha producido. Tampoco quedan claros los motivos por los que Edipo ha lanzado previamente maldiciones contra sus dos hijos varones.

Sófocles y Eurípides a su vez compusieron distintas obras basadas en la misma saga tebana, de tal manera que los hechos que anteceden a los narrados en *Los siete contra Tebas* los encontramos en las tragedias de Sófocles *Edipo Rey* y *Edipo en Colono*, y su continuación en *Antígona*. Eurípides, por su parte, retoma el argumento de *Los siete contra Tebas* y nos da su propia versión en *Las fenicias*. Sabemos que las historias que cuentan los mitos no son inmutables, sino más bien maleables, como resultado de una tradición basada en distintas fuentes transmitidas de forma oral y escrita, y a Eurípides le gustaba innovar el relato del mito. Lo hace muy claramente en *Medea* y *Electra*, por mencionar dos casos muy conocidos. De la comparación entre *Los siete contra Tebas* y *Las fenicias* se constata, por una parte, que un poeta trágico puede modificar y abordar de distintas formas un mismo mito y, por otra, que cada tragedia es hija de su tiempo, refleja la evolución del género teatral y el contexto político y cultural en el que se desarrolla.

La última parte de la historia de la saga, después de la muerte de los hermanos, se retoma en *Las suplicantes* de Eurípides. En esta tragedia, las madres de los héroes muertos en Tebas reclaman sus cadáveres a Creonte, rey de la ciudad, pero este se niega a entregarlos. Ellas acuden a Atenas y pretenden que el rey Teseo interceda por ellas para conseguir su objetivo.

El mito de la familia real tebana es bien conocido: empieza con Edipo, hijo de los reyes de Tebas, Layo y Yocasta. Un oráculo había avisado a Layo de que su hijo lo mataría, por lo que, cuando lo tuvo, contraviniendo imprudentemente la advertencia recibida, lo abandonó en lugar de matarlo. El niño fue recogido por un pastor y adoptado por Pólibo, rey de Corinto. Con el tiempo, Edipo, queriendo conocer sus orígenes, se dirigió a Tebas y, en una encrucijada, mató a su padre sin saber que lo era. Más tarde, se casó con la reina de Tebas, su propia madre, sin ser consciente de ello, tras haber solucionado el enigma de una esfinge que mantenía aterrorizada a su población. Con Yocasta tuvo cuatro hijos, dos varones, Eteocles y Polinices, y dos mujeres, Ismene y Antígona. La terrible tragedia final de la saga se desencadena en los dramas mencionados cuando se desvela todo.

5. EL ARGUMENTO DE *LOS SIETE CONTRA TEBAS*

Al margen del relato mítico en sí mismo, el argumento subyacente de la tragedia es doble. Por una parte, se pone de manifiesto el difícil equilibrio entre la responsabilidad de los hombres con respecto a sus actos, y su capacidad de elegir y adoptar decisiones frente al destino establecido por los dioses. Eteocles tiene muy asumida su manera de actuar para proteger la ciudad, de modo que, en el momento en el que el mensajero le informa de que su propio hermano, Polinices, atacará una de las siete puertas de la ciudad, no lo duda y decide ser él quien acuda a esa entrada y luche contra él. Cumple de este modo con el destino marcado según el cual los dos hermanos habrán de morir luchando entre ellos. La tensión entre ambos parámetros se resuelve magistralmente. Los espectadores entienden que esta decisión implica su muerte, pero, a la vez, que el rey no puede renunciar a enfrentarse a su propio hermano. Ambos son los protagonistas de la historia y los responsables de que la ciudad se encuentre en esta situación.

Por otra parte, el poeta desarrolla el tema de la guerra entre hermanos, la guerra fratricida y sus consecuencias. Tebas no está asediada por un enemigo extranjero, no son los persas los que están a sus puertas, sino otros griegos, procedentes de la vecina ciudad de Argos. Sin embargo, se dice varias veces que la victoria de los atacantes sumiría a los habitantes de la ciudad en la esclavitud, la misma que tanto temían los griegos en las guerras médicas. Por eso las muchachas tebanas del coro están empavorecidas, porque conocen muy bien cuál será su destino. No pueden hacer nada, únicamente rogar a los dioses y confiar en su amparo. Llegan incluso a suplicar a los dioses que no traicionen a la ciudad «sumida en la guerra al ser atacada por un ejército de lengua distinta» (v. 170). No se trata de enemigos bárbaros, pero sí de griegos que hablan otro dialecto. En resumidas cuentas, la guerra es la guerra, incluso cuando los atacantes son también griegos.

6. ESTRUCTURA DE LA TRAGEDIA

No se conoce cuál es el origen exacto del género dramático de la tragedia, que queda diluido en el tiempo con vagas informaciones sobre los nombres de sus inventores, pero lo cierto es que la más antigua de las tragedias que han llegado a nosotros, *Los persas* de Esquilo, ya presenta una estructura y unas partes muy definidas, que se repiten en las demás. Todo ello demuestra que se había forjado una tradición anterior que desconocemos.

Estas son las distintas partes de *Los siete contra Tebas*:

1. Prólogo, 1-77. La acción transcurre en el ágora de la ciudad de Tebas. Las estatuas de los dioses Zeus, Atenea (Palas), Posidón, Ares, Afrodita (Cipris), Apolo (*Señor Lobuno* en esta traducción), Ártemis y Hera están repartidas por el escenario. Eteocles, el rey de la ciudad, aparece en escena animando a los ciudadanos de Tebas, a los viejos y a los jóvenes, a defenderla. Un explorador se presenta para advertir de que los argivos están preparando el ataque a la ciudad. Siete de sus mejores guerreros, tras degollar a un toro y tocar su sangre con las manos, han hecho un juramento solemne para destruir la ciudad, saquearla o morir en el intento. Están sorteando quiénes llevarán sus tropas contra cada puerta de la ciudad. El relato transmite la tensión del momento, y el rey debe prepararlo todo. Eteocles se retira para llevar a cabo todo lo necesario.

2. Párodo, 78-180. El coro de muchachas tebanas hace

su aparición. Todas están aterradas y muy agitadas ante la situación que vive la ciudad. Ven el polvo levantado por los caballos enemigos y oyen sus relinchos. Escuchan empavorecidas una lista interminable de ruidos amenazadores que aumenta su desazón e impotencia ante la posibilidad que parece inminente de que entren los enemigos y ellas se conviertan en sus esclavas. Se abrazan a las estatuas y las adornan con coronas.

3. Primer episodio, 181-286. Se presenta Eteocles y, después de amonestarlas muy duramente por su actitud, parece apaciguarlas. Se retira para elegir a seis hombres que hagan frente a los atacantes de las puertas. Ya ha decidido que él será el séptimo.

4. Primer estásimo, 287-368. El coro sigue sumido en el terror suplicando a los dioses. Las muchachas tebanas no soportan la idea de caer esclavizadas a manos de los enemigos.

5. Segundo episodio, 369-719. Regresan a la escena Eteocles y el mensajero. Es la famosa escena de los escudos, la más larga de la obra. La organización del texto es clara: primero, el mensajero describe con detalle al atacante de una de las puertas y su escudo; después, Eteocles asigna a su contrincante, y, por último, el coro de las vírgenes tebanas expresa sus deseos de que salga victorioso el héroe tebano elegido. El mismo esquema se repite siete veces. Finalmente, Eteocles anuncia su intención de enfrentarse a su hermano Polinices, el séptimo de los atacantes. El coro intenta en vano disuadirle.

6. Segundo estásimo, 720-791. El coro recuerda que fue Layo quien no obedeció la orden de Apolo de morir sin descendencia para salvar la ciudad de Tebas. Rememora también las maldiciones lanzadas por Edipo contra sus hijos. Se deduce que la ciudad se encuentra en estas terribles circunstancias a causa de la familia que la gobierna.

7. Tercer episodio, 792-821. El mensajero vuelve a aparecer en la escena y, contra todo pronóstico, tranquiliza los ánimos. Los atacantes no han podido entrar en la ciudad, han sido vencidos; pero los hermanos Eteocles y Polinices han muerto en su lucha fratricida, cumpliendo su destino por las maldiciones lanzadas contra ellos por su padre, Edipo.

8. Tercer estásimo, 822-874. El coro tiene sentimientos contradictorios: por una parte, se alegra de la salvación de la ciudad, pero, por otra, lamenta la muerte de los hijos de Edipo.

9. Final, 875-1004. Lamento final del coro ante la presencia de los cuerpos de Eteocles y Polinices.

7. LOS PERSONAJES

En cada escena de la tragedia intervienen dos actores que interpretan a los personajes de Eteocles y el explorador/mensajero. El coro de las muchachas tebanas tiene, a su vez, un papel muy importante en la obra. Además de cantar los versos que le corresponden, interviene en todas las escenas como un personaje más, e interactúa con Eteocles y el mensajero.

Frente a lo que vemos en esta obra, en tragedias posteriores las actuaciones del coro delimitan los episodios en los que toman parte sus protagonistas; se podría decir que llegan a ser independientes y que hay una separación clara entre el coro y los demás personajes de la trama.

7A. ETEOCLES, EL REY SENSATO DE LA CIUDAD DE TEBAS: UN HOMBRE DE SU TIEMPO

Eteocles, rey de Tebas y protagonista del drama, se presenta en la primera escena del drama como «el que está vigilante en asuntos difíciles, dirigiendo el timón en la popa de la ciudad, sin cerrar con el sueño sus párpados» (vv. 1-3). Asume la defensa de Tebas e intenta transmitir calma a sus conciudadanos. Los argumentos que esgrime para justificar este sacrificio que está pidiendo a sus habitantes son bien conocidos: hay que socorrer a la ciudad que está en peligro, proteger los altares de los dioses, así como a sus hijos y a la tierra que los acoge.

En este contexto de mando debe comprenderse su enfrentamiento contra las jóvenes tebanas que forman parte del coro. Eteocles intenta neutralizar la actitud de las muchachas con el claro objetivo de que no se extienda ni se contagie al resto de la población tebana el pánico que ellas tienen ante la llegada inminente de los atacantes porque podría ser funesto para la ciudad: las reacciones en este estado anímico suelen ser imprevisibles e irracionales.

A pesar de ser un personaje mítico, Eteocles responde, como es natural, a la imagen de un gobernante acorde con los

ideales atenienses del siglo V a. C. No se debe olvidar el carácter didáctico de las tragedias. El rey tebano es el líder que
está dispuesto, sin el menor atisbo de duda, a tomar el mando
y a organizar la defensa de la ciudad con responsabilidad,
sensatez y calma.

Por otra parte, una vez que se entera de que su hermano
será el atacante de una de las puertas de la ciudad, no tiene
más remedio que tomar la decisión de enfrentarse a él. Los
protagonistas de una batalla saben que deben enfrentarse entre ellos, y en su caso, morir.

La actitud sensata de Eteocles parece contradictoria con
su decisión temeraria de enfrentarse a su hermano Polinices
en combate singular. Un buen dirigente no debe poner en peligro a sus ciudadanos arriesgando su vida en estas circunstancias, pero se transmite la idea de que la ciudad es el conjunto de sus ciudadanos y su destino no puede depender de
una única persona.

El desenlace de la tragedia no responde necesariamente
al destino diseñado por los dioses, ni a un obligado cumplimiento de las maldiciones lanzadas por el padre contra sus
hijos. Más bien es una combinación magistral entre una
decisión adoptada por Eteocles con unas consecuencias
que confirman su destino, y que asume sin paliativos. Por
lo tanto, el relato de los hechos es el resultado, por una
parte, del riesgo y la responsabilidad derivados de una decisión asumida, y, por otra, del cumplimiento del infalible
destino.

7B. LAS JÓVENES TEBANAS

La actitud de las muchachas del coro refleja la sensibilidad y comprensión de Esquilo en torno a la triste condición de la mujer en la guerra. Los espectadores conocían muy bien cuál iba a ser el destino de las tebanas. El temor manifiesto de las jóvenes, su terror ante esta posibilidad, las presenta en escena presas de un ataque de pánico. La calma es imposible; se arremolinan en torno a las estatuas de los dioses en busca de protección divina y no saben qué hacer antes del momento fatídico.

Ellas se definen como doncellas, «apenas muchachas, frutos cortados sin madurar, antes de cumplirse los ritos nupciales» (vv. 333-335). Recordemos que, para los griegos, esta era una pena muy grande que queda patente en los epitafios de muchas niñas muertas antes de cumplir con lo que se esperaba de ellas. Las vírgenes temen caer en la esclavitud si gana el enemigo. Saben muy bien que esa es la condición de las mujeres prisioneras tomadas como botín de guerra: serán conducidas «jóvenes y ancianas, igual que yeguas, de los cabellos, rotos sus velos por todas partes» (vv. 326-329).

La angustia de las doncellas se acrecienta ante los sonidos que escuchan; no ven lo que está sucediendo fuera de las murallas, salvo el polvo que sube hasta el cielo provocado por los cascos de los caballos. No ven a los enemigos, pero intuyen que están muy cerca y que, de un momento a otro, entrarán en la ciudad. A veces es más terrible lo que se intuye que la propia realidad de los hechos. Es muy posible que los efectos de los ruidos que mencionan a lo largo de sus cantos, que son muchos y variados (el choque de las armas, el estruendo y fragor de los escudos, el estrépito de las lanzas, los cubos de las ruedas de los carros, las piedras lanzadas y los vagidos de niños lactantes), también los escucharan los espectadores. Todo formaría parte de los efectos especiales de la escenografía y acrecentaría la impresión de que los tebanos están acorralados y los enemigos a sus puertas.

La actitud de estas jóvenes, sin embargo, es un peligro para la moral del resto de la población, porque pueden contagiarles su terrible zozobra y sus ánimos desbocados. Por ello, Eteocles se enfrenta a ellas; no tiene más remedio: es lo que debe hacer quien está al mando. El rey, claro está, es un hombre de su tiempo, de la Atenas del siglo v a. C., y su actitud implacable y cruel con las mujeres, sus durísimas palabras, responden al comportamiento esperable de cualquier ateniense, en el que no faltan las consabidas frases misóginas: «criaturas insoportables» (v. 181) que van dando gritos y vociferando. Eteocles expresa sus deseos de que desaparezcan: «¡Ojalá no comparta yo la vivienda con mujeril raza ni en la desgracia ni en la amada prosperidad! Pues la mujer, cuando es dueña de la situación, tiene una audacia que la hace intratable [...]» (vv. 187-190). Seguro que estarían de acuerdo en ello todos los espectadores, hombres y mujeres.

Eteocles manda callar a las jóvenes, insiste en que sean valientes en silencio, «¡calla, desgraciada, no asustes a los nuestros!» (v. 262). La mujer debe callar y quedarse en casa: «Lo de fuera de casa es cosa de hombres» (vv. 200-201).

7C. EL MENSAJERO

Es el tercer personaje de la historia. Su presencia es obligada en la tragedia y es quien relata su desenlace fatal. Las escenas sangrientas no se representaban nunca en escena, de manera que siempre debía haber alguien que contara con detalle lo sucedido fuera de ella. Los espectadores pueden escuchar los gritos y lamentos que se producen dentro del palacio, pero no pueden ser testigos de muertes violentas.

En *Los siete contra Tebas*, el actor que interpretaba al mensajero es, sin duda, el mismo que el que desempeña el papel del explorador o vigía. Se dice que Esquilo fue quien introdujo un segundo actor en la tragedia. En las escenas de *Los siete contra Tebas*, siempre son dos los personajes que intervienen en cada escena, salvo en la parte final cuando irrumpen Antígona, Ismene y el heraldo. Uno de los motivos por los que se considera que esta es espuria —de lo que se hablará más adelante— es precisamente este.

8. LAS ESCENAS EMBLEMÁTICAS

Todas las obras teatrales tienen escenas emblemáticas, que impactan en el público, que quedan en el recuerdo para siempre. Lo mismo ocurre con algunas arias de óperas famosas conocidas por todos, que son interpretadas en ocasiones aisladamente por grandes intérpretes y publicadas en distintas compilaciones, y resultan familiares incluso a los aficionados no entendidos. Lo mismo podemos decir de escenas de películas que quedan para siempre en nuestro recuerdo. Sucede también en las tragedias y comedias de la literatura griega. Sabemos incluso que hubo un tiempo en el que grandes actores del momento las interpretaban (y no la tragedia completa) ante el público. Muchas han quedado plasmadas en mosaicos, pinturas al fresco o relieves; sabemos que también las interpretaban con mucho éxito los mimos en época romana. Son parte de nuestro acervo o patrimonio cultural el monólogo de Medea, en el que se queja de la condición de las mujeres en el mundo, o el coro de la *Antígona,* en donde se ensalza el genio humano, por poner dos ejemplos muy conocidos.

La escena más larga de *Los siete contra Tebas* es la que se conoce como la de los escudos, de unos trescientos versos (vv. 369-676). En ella intervienen el rey de la ciudad Eteocles, el coro de las jóvenes tebanas y el mensajero. Es un momento de máxima tensión en el que las tebanas expresan su terror ante el inminente ataque y son objeto del enorme enojo de Eteocles. El mensajero anuncia cuál es la situación fuera de las murallas: los enemigos argivos han sorteado entre sus mejores guerreros quiénes atacarán cada una de las siete puertas de la ciudad. Menciona sus nombres, sus genealogías y parentescos, y describe su actitud arrogante y amenazadora. Resulta convincente pensar que, en ese momento, el público escucharía con placer sus nombres y el retrato de cada uno de los contendientes. La escena tiene el mismo objetivo que el catálogo de las naves de la *Ilíada* o lo que los expertos llaman *teichoscopía*, a saber, se describe lo que se ve desde la muralla de Troya cuando los enemigos se acercan y que permite presentar a los personajes que intervendrán en el combate. La estructura de toda la escena es muy clara: alternan las intervenciones del mensajero, las de Eteocles que responde en cada caso a quién ha elegido para que se enfrente en cada puerta, y a continuación las del coro, que expresa sus deseos de victoria. Es curioso que las respuestas de Eteocles ante las descripciones del mensajero no sean tan prolijas; hay una clara descompensación entre la descripción de los héroes atacantes y la de los tebanos.

En esta escena algo llama poderosamente la atención del lector: el mensajero se detiene también en la descripción de los escudos de los héroes argivos, que ilustra de alguna forma los *poderes* de cada uno de ellos. Irremediablemente pensamos en la famosa descripción homérica del escudo de Aquiles, pero estos son diferentes. Todos ellos llevan pintadas unas escenas que reflejan de algún modo el carácter amenazador y las intenciones de sus dueños.

No es raro ver en la cerámica griega escenas de soldados con escudos decorados individualmente. Sabemos que algunos motivos se repetían con cierta frecuencia, como la presencia de la amenazadora gorgona o de animales, como aves, serpientes o leones. Aquí, sin embargo, las escenas dibujadas son otras: un cielo de estrellas con la luna llena («ojo de la noche») en el centro del escudo de Tideo, un hombre con una antorcha encendida en sus manos en el de Capaneo, un hombre armado subiendo los peldaños de una escalera apoyada en una torre enemiga en el de Eteoclo, un gigante que echa fuego por su boca en el de Hipomedonte, una esfinge con un guerrero entre sus garras en el de Partenopeo y un hombre guiado por una mujer que representa a Justicia en el de Policines. Solo el adivino Anfiarao lleva un escudo sin blasón. En tres escudos hay además algo que no es frecuente: un mensaje escrito. Así sucede en el de Capaneo, en el que en letras de oro se podía leer: «Prenderé fuego a la ciudad» (v. 434). El hombre que sube la escalera en el escudo de Eteoclo «grita en letras que forman palabras, que de las torres ni Ares siquiera podrá derribarle» (vv. 468-469) y, por último, en el escudo de Polinices la personificación de la Justicia dice: «Haré regresar del exilio a este hombre, que posea su ciudad patria y vuelva a habitar su palacio» (vv. 647-648).

El retrato de cada uno de los guerreros con sus poderes, sus amenazas y sus escudos impactaría sin duda en los espectadores, que imaginarían la contienda singular entre atacantes y defensores de la ciudad. Es curioso que la intensidad del retrato de los capitanes del otro lado no sea ni mucho menos parangonable.

9. EL FINAL DE *LOS SIETE CONTRA TEBAS*

Los textos de las tragedias no se pusieron por escrito cuando se representaron, sino bastante después, en tiempos del arconte ateniense Licurgo, en torno al año 330 a. C. Las tragedias de Esquilo se siguieron representando después de su muerte, y dejarlas en manos de la memoria de los actores debió de tener sin duda sus consecuencias. Además, la concepción de la autoría de una obra que tenemos hoy en día no se corresponde con la de los antiguos, de tal manera que es muy probable que el texto que ha llegado a nosotros no sea exactamente el que compuso Esquilo.

Hay un acuerdo casi unánime entre los estudiosos en que la aparición repentina de las hermanas de Eteocles y Polinices,

Ismene y Antígona, al final de la pieza, es un añadido posterior. La tragedia probablemente terminaba con los lamentos del coro ante los cadáveres de los hermanos. La presencia de un heraldo que anuncia la decisión del nuevo dirigente de la ciudad, Creonte, de enterrar con todos los honores al rey muerto y dejar insepulto a Polinices con la reacción en contra de Antígona parece una manera de enlazar su final con el principio de la siguiente pieza que relata la historia de la saga tebana, *Antígona*. Es curioso, pero lo mismo sucede con el final de *Fenicias* de Eurípides, probablemente espurio también.

10. EL LEGADO DE LOS SIETE CONTRA TEBAS

Se sabe que *Los siete contra Tebas* fue una tragedia apreciada en la Antigüedad; de hecho, si forma parte de las que han sobrevivido es sin duda por este motivo. Fue una de las tragedias seleccionadas en Bizancio para formar parte del canon y su tradición manuscrita medieval es bastante mejor que la de otras. Con la invención de la imprenta se aseguró la transmisión de las obras de Esquilo. En 1518 apareció la primera edición de *Los siete contra Tebas*.

Sin embargo, la obra no ha sido muy popular en nuestros tiempos, ni, por lo tanto, muy representada. Por poner un ejemplo ilustrativo, en España solo ha sido escenificada una vez en el festival clásico de Mérida en el año 1992. Los motivos están justificados en primer lugar porque las adaptaciones y versiones modernas suelen tener en cuenta a los personajes de la saga tebana en su globalidad. En segundo lugar, hay que reconocer que el episodio del enfrentamiento y muerte de los hermanos no es tan espectacular como la historia de la hija de Edipo, Antígona. La versión de Sófocles protagonizada por la heroína ha sido, sin duda, la más popular. Su influencia en autores del siglo pasado justifica con creces el número de adaptaciones, (re)interpretaciones del mito y representaciones teatrales. Es sin duda, uno de nuestros personajes más queridos junto con Fedra o Medea.

Por último, la versión de *Fenicias* de Eurípides en cuyo argumento intervienen más personajes (por ejemplo, Yocasta, la madre de Eteocles y Polinices, aparece en el prólogo de la tragedia explicando la situación) y en la que los hermanos se enfrentan en un *agón* —que se echa de menos en *Los siete contra Tebas*— puede resultar más afín a nuestros gustos. Sin embargo, la calidad de las adaptaciones y versiones de una obra clásica puede hacerla mucho más popular en un momento dado. Conviene mencionar entre esas últimas la del dramaturgo y poeta cubano Antón Arrufat (1935-2003), basada directamente en el texto de Esquilo. Arrufat compuso *Los siete contra Tebas* en 1968. La obra mereció con toda justicia el premio de la UNEAC, la Unión de escritores y artistas de Cuba, pero al poco fue censurada y su autor silenciado durante un tiempo. Es muy posible que se temiera que la historia del enfrentamiento entre Eteocles, rey de Tebas y su hermano Polinice, aspirante al mando de la ciudad, pudiera interpretarse en términos paralelos en la sociedad cubana, teniendo en cuenta que unos años antes, en 1961, había tenido lugar la invasión de playa Girón. La tragedia de Arrufat se volvió a publicar en La Habana en 2001 y su lectura refleja un conocimiento profundo del texto de Esquilo.

Por otra parte, pueden encontrarse algunas resonancias

de *Los siete contra Tebas* en el cine, por ejemplo en la película *Los siete samuráis* de Akira Kurosawa (1954). La decisión del director de que sean siete los samuráis dispuestos a defender los diferentes accesos y entradas de una mísera aldea japonesa en torno al año 1570 y la situación de angustia en la que viven sus habitantes ante el probable saqueo recuerdan a la tragedia de Esquilo.

11. ESTA TRADUCCIÓN

La traducción de este volumen es del profesor Bernardo Perea Morales, cuya primera edición apareció en 1993. Se trata de una traducción seria, rigurosa, asequible para todos los públicos y amena, acompañada de notas aclaratorias breves e imprescindibles.

BIBLIOGRAFÍA

Para una buena guía y comentario de *Los siete contra Tebas* es muy útil el libro de Isabelle Torrance, *Aeschylus: Seven Against Thebes*. Bloomsbury Companions to Greek and Roman Tragedy. Gerald Duckworth & Co. Ldt. 2007, así como el capítulo dedicado a la obra por la misma autora en Jacques A. Bromberg & Peter Burian eds. *A Companion to Aeschylus*, Wiley Blackwell 2023.

Una introducción general sobre el teatro griego en la que se abordan sucintamente sus aspectos más importantes se encuentra en *Esquilo, Sófocles, Eurípides. Obras completas*. Cátedra, *Bibliotheca Aurea*, Madrid 2004.

La tragedia de Antón Arrufat puede leerse y, en su caso, descargarse en internet, *Los siete contra Tebas*. Edición revisada por el autor. Introducción de Norge Espinosa Mendoza. Ediciones Alarcos, La Habana 2001 (2025).

LOS SIETE CONTRA TEBAS

PERSONAJES

ETEOCLES

EXPLORADOR

MENSAJERO

ANTÍGONA

ISMENE

CORO de jóvenes tebanas

La escena representa el ágora de Tebas. Al fondo, estatuas de los dioses.

La acción empieza entrando en el ágora, por diversos accesos, ciudadanos de distintas edades que forman corrillos.

Momentos después, al entrar Eteocles, todos los corrillos se deshacen, para prestar atención al Rey.

ETEOCLES

Ciudadanos del pueblo de Cadmo,[1] preciso es que diga
oportunas palabras el que está vigilante en asuntos difíciles, dirigiendo el timón en la popa de la ciudad,[2] sin cerrar
con el sueño sus párpados.

En efecto, si lográramos éxito, la gente diría que la causa de ello es un dios; pero, si, al contrario —lo que no 5
suceda—, ocurre un fracaso, Eteocles, único entre muchos, sería cantado por los ciudadanos con himnos, sin ce-
sar repetidos, y lamentaciones.[3] ¡Ojalá que Zeus-Protector
sea lo que dice su nombre para la ciudad de los cadmeos![4]

Preciso es que ahora vosotros, tanto el que aún carezca 10
del vigor juvenil, como el que por los años haya pasado de

1. Cadmo es el fundador mítico de la ciudad de Tebas.
2. En la literatura griega es frecuente la metáfora de la nave para referir-
se al Estado.
3. Eteocles está hablando metafóricamente: los himnos, en caso de fracaso, son las críticas o reproches al gobernante.
4. Los tebanos. Véase n. 1.

37

la juventud y el que juventud tenga en este momento, cada uno conforme a sus propias fuerzas, multipliquéis el rendimiento de vuestros cuerpos y acudáis en socorro de la ciudad y de los altares de los dioses de nuestro país —para que nunca sean privados de honores—, de nuestros hijos y de la tierra, nuestra madre y nodriza amadísima,[5] pues ella trata con benevolencia a los niños que gatean por el suelo, y, asumiendo toda la carga de nuestra crianza, alimentó ciudadanos portadores de escudo, para que fuerais fieles en lo que ahora nos urge.

Por el momento, hasta el día de hoy, la divinidad se inclina en nuestro favor, pues ya en este tiempo que estamos sitiados, en su mayor parte, gracias a los dioses, nos va bien la guerra. No obstante, ahora, según asegura el adivino,[6] pastor de las aves, que con sus oídos y espíritu, sin precisar fuego,[7] observa a los pájaros que agüeros indican mediante una ciencia que nunca se engaña, este, dueño de tales augurios, dice que durante la noche se está decidiendo el mayor ataque de la fuerza aquea y el plan de ese ataque contra la ciudad. Así que ¡a las almenas, a las torres que defienden las puertas, id todos aprisa! ¡Acudid armados con todas las armas! ¡Llenad los parapetos! ¡Permaneced firmes en los terrados de las torres y resistid con valor indomable, junto a las puertas sin temer de-

---

5. Los cadmeos, según el mito, nacieron de la tierra, cuando, por consejo de Atenea, Cadmo sembró los dientes del dragón que custodiaba la fuente de Ares.

6. Tiresias.

7. En el que quemar las víctimas.

masiado a la turba extranjera! La deidad hará que acabe todo bien.

Por mi parte, he enviado espías y exploradores al campo enemigo en los que confío que no harán en vano el camino. Una vez que los haya escuchado, no hay que temer que el enemigo me sorprenda mediante una treta.

(Entra en escena un explorador.)

EXPLORADOR

Eteocles, Señor nobilísimo de los cadmeos, vengo con fie- 40
les noticias del campo enemigo. Yo mismo he visto lo que allí pasaba.

Siete héroes, valerosos caudillos, degollaban un toro, dejando que la sangre fluyera sobre un negro escudo; y, con sus manos tocando la sangre del toro, por Ares, por Enio[8] y por Fobo[9] sediento de sangre, juraron o bien destruir 45 nuestra ciudad y saquear con violencia esta ciudad de los cadmeos, o morir y regar con su sangre esta tierra.

Fueron después con sus manos colgando del carro de 50 Adrasto[10] recuerdos suyos que habían de llevarse a sus hogares para sus padres. Entretanto, derramaban lágrimas, pero ni un lamento cruzaba sus labios, pues su férreo ánimo, ardoroso de valentía, exhalaba un ansia de lucha como de leones cuando tienen a Ares en su mirada.[11]

---

8. Diosa de la guerra, considerada hija, madre o hermana de Ares, en cuyo séquito figura.
9. Personificación del miedo. Acompaña a Ares en el campo de batalla.
10. Tirado por el caballo Arión, hijo de Posidón y Deméter. Su condición de inmortal y su rapidez garantizaban el regreso del carro a Argos.
11. Esto es, cuando van a atacar.

No he demorado con vacilaciones la información sobre
55   estos proyectos; antes al contrario, los he dejado echando
suertes sobre cuál de ellos, en virtud del sorteo, llevaría sus
tropas contra cada puerta.

Ante esto, pon como jefes rápidamente en las salidas
de cada puerta a los más valientes guerreros escogidos de la
ciudad, pues ya cerca, el ejército argivo con todas sus ar-
60   mas, viene avanzando. El polvo levanta a su paso, y la lla-
nura queda manchada con la blanca espuma expulsada de
los pulmones de los caballos. Así que tú, como diligente
piloto de nave, refuerza la defensa de la ciudad, antes de
que sople contra ella el huracán de Ares, pues ruge como
ola terrestre la hueste enemiga.[12]
65   Aprovecha muy rápido la ocasión[13] que ahora tienes,
que yo, en lo que queda atalaya de día, tendré el ojo fiel, y
así, tú, sabedor con certeza de qué pasa fuera de las puertas, no sufrirás daño.

(Sale de escena el explorador.)

ETEOCLES
70   Oh Zeus, Tierra,[14] dioses protectores de nuestra ciudad, y
Maldición, Erinis[15] muy poderosa por ser de mi padre, no

---

12. Esquilo usa aquí el mismo procedimiento expresivo de la aproxima-
ción que en otros lugares (véase n. 41 a *Las suplicantes):* imágenes visua-
les —polvareda, espuma de los caballos—, y después, sensación auditiva
—gritería de los argivos—.
13. La enálage, como en otros lugares, está en el original griego.
14. Tierra: deidad nacida después que Caos. Madre y esposa de Urano.
15. Diosas violentas encargadas del castigo de los homicidas —incluso

arranquéis de raíz, destruida por el enemigo, a una ciudad
griega [que habla igual lengua, y sus casas dotadas de ho- 75
gar];[16] antes al contrario, no permitáis que esta tierra libre
y ciudad de Cadmo sea sometida con el yugo de la esclavitud. Sed nuestra fuerza. Creo que estoy diciendo algo que
os afecta igual que a nosotros, pues una ciudad con prosperidad honra a las deidades.[17]

(Eteocles y los ciudadanos abandonan la escena.
Momentos después entra el Coro.)

CORO

Grito los grandes dolores que el miedo me causa. Avanza la hues-
te enemiga, pues ya ha abandonado su campamento. Corrien-
do en vanguardia viene en oleadas esa innumerable hueste de 80
jinetes. Me lo asegura sin voz, pero mensajero claro y verda-
dero, el polvo que veo subir hasta el cielo. †Ocupó† el fragor
de las armas las llanuras de mi país, que acercan a mi oído el
grito de guerra. Vuela, ruge, cual un invencible torrente que
cae retumbando por una montaña.   85

---

casuales—, principalmente si la muerte se produce en el seno de la misma familia. Se representan aladas, con serpientes en la cabellera y antor-
chas o látigos en las manos. En el texto la Erinis es la encargada de dar
cumplimiento a la maldición que Edipo pronunció contra sus hijos,
Eteocles —el defensor de Tebas— y Polinices —el sitiador—.
16. El hogar donde tiene lugar el culto familiar.
17. La relación entre los dioses y los hombres es casi contractual: *do ut*
des. En *Las Troyanas* de Eurípides (vv. 25-27), Posidón dice que abando-
na Troya y sus altares porque, cuando se adueña de una ciudad la desola-
ción, enferma el culto de los dioses, que ya no reciben honores.

¡Ay, ay! ¡Dioses y diosas, alejad de nosotras el peligro que nos asalta!

90   *¡Ay! Al otro lado de las murallas, el ejército de blancos escudos, apresurando ⟨su paso⟩, se lanza ligero contra la ciudad.*

¿Quién nos salvará? ¿Quién nos dará ayuda de entre los dioses o de las diosas?

95   *¿Me postraré ante las imágenes de los dioses ⟨patrios⟩?*

¡Ay! Ellos son felices, con sede segura. Es el momento para abrazarse a sus estatuas. ¿Por qué lo demoramos con tantos gemidos?

100   *¿Oís o no oís el estruendo de los escudos?*

¿Cuándo, si no es ahora, usaremos la vestimenta y las coronas de las suplicantes?

(El Coro se dirige a las estatuas.)

Con los ojos percibo el estrépito.[18] *No es precisamente fragor de una sola lanza.*

¿Qué vas a hacer? ¿Traicionarás tú que eres antiguo habi-
105   *tante de nuestro país. Ares,*[19] *a tu tierra?*

¡Oh deidad del casco de oro, vuelve tus ojos, vuelve tus ojos a una ciudad en la que antaño pusiste tu amor!

(El Coro se dirige a las estatuas o a cada una
de ellas en particular, con arreglo al texto,
dando carreras de un lado a otro.)

---

18. Por sinestesia, acerca el ruido mediante la sensación visual.

19. Ares es padre de Harmonía, esposa de Cadmo, el fundador de Tebas.

Estrofa 1.ª

Dioses protectores de la ciudad, venid, venid todos, ved este ba- 110
tallón de doncellas[20] que vienen en súplica de que las libréis de
la esclavitud.

Un oleaje de guerreros de oblicuo penacho,[21] alrededor
de la ciudad, hierve encrespado por el huracán desatado por 115
Ares.

¡Ea, oh Zeus, padre sin quien nada se cumple, evita como
sea que caiga prisionera del enemigo!

Pues los argivos tienen cercada la ciudad de Cadmo y el 120
miedo a sus armas de guerra ⟨me aterroriza⟩.

Entre las quijadas de los caballos, los bocados tañen sones
de muerte. Y siete distinguidos capitanes de la hueste enemi-
ga, con sus armaduras que los protegen contra las lanzas, 125
ante cada una de las siete puertas, están ocupando sus pues-
tos, según cada cual obtuvo en sorteo. Y tú, hija de Zeus, 130
Potencia que amas la lucha, sé la salvadora de nuestra ciu-
dad, ¡oh Palas!

¡Y tú, Señor que en el mar reinas con tus caballos †y el uten-
silio† de ensartar peces,[22] †Posidón†, concédenos la liberación,
la liberación de nuestros terrores!

¡Y tú, Ares —¡ay, ay!—, guarda a la ciudad que recibio 135
su nombre de Cadmo y claramente vela por ella!

---

20. En el contexto bélico en que está la palabra *lóchon*, que traducimos
por «batallón», forma contraste con el miedo que sufre el Coro.
21. En actitud de ataque.
22. Posidón, dios de las aguas, es hermano de Zeus. Se le representa armado con el tridente y montado en un carro tirado por animales con mezcla
de caballo y serpiente.

140   *¡Y tú, Cipris,*[23] *primera de nuestra raza, protégenos, pues de tu sangre hemos nacido! ⟨Y⟩ con las preces que a dioses se elevan nos acercamos a ti, invocándote a gritos.*

¡Y tú. Señor Lobuno,[24] *sé realmente lobuno para el ejército enemigo †acudiendo al grito de mis gemidos.†*

145   *¡Y tú, doncella hija de Leto,*[25] *apresta bien tu arco!*

Estrofa 2.ª

146   *¡Ay, ay, ay, ay! ¡Oigo en torno de la ciudad estruendo de carros!*

¡Oh poderosa Hera![26] *Los cubos de las ruedas de los carros chirrían con el peso de los ejes.*

150   *¡Ártemis amada!, hay furor en el aire que atraviesan las lanzas.*

¡Qué sufrimientos está padeciendo esta ciudad mía! ¿Qué sucederá? ¿Adónde conduce aún la deidad el fin de la guerra?

---

23. Afrodita. Diosa del amor. Nació, según una versión del mito, de los genitales de Urano, cortados por Crono, que, al caer al mar, dieron origen a la diosa. Afrodita fue llevada recién nacida por los Céfiros a la isla de Citerea y luego a Chipre, de donde proceden los epítetos de Citerea y Cipris. Con Ares tuvo a Harmonía, esposa de Cadmo.

24. Uno de los animales consagrados a Apolo era el lobo, que a veces se le ofrecía en sacrificio y figuraba en monedas junto a la imagen del dios. A esto se debe probablemente el epíteto «Licio», usado a veces como nombre. Aquí lo traducimos por «Lobuno», para conservar el juego de palabras.

25. Ártemis. Hermana gemela de Apolo. Hija de Zeus y Leto. Nació la primera y asistió a su madre en el parto de Apolo. Es la diosa virgen de la caza.

26. Hera es la más poderosa de las diosas olímpicas, hermana y esposa de Zeus, diosa del hogar y del matrimonio.

Antístrofa 2.ª

¡Ay, ay, ay, ay! Una lluvia de piedras desde arriba lanzada 155
parte de las almenas.[27] *¡Oh amado Apolo! Hay en las puertas*
fragor de broncíneos escudos.

¡Oh hija de Zeus,[28] *de la que procede el santo fin de la*
guerra en una batalla, y tú, Onca,[29] *dichosa Señora, en favor* 160
de tu pueblo, defiende tu sede de siete puertas!

Estrofa 3.ª

¡Oh deidades omnipotentes, dioses y diosas de quienes depende
cualquier resultado, guardianes de nuestras torres, no traicio-
néis a nuestra ciudad sumida en la guerra al ser atacada por un 165
ejército de lengua distinta![30]
    Escuchad a estas vírgenes. Escuchad con arreglo a justicia
nuestras súplicas hechas alzando los brazos.

Antístrofa 3.ª

¡Ay dioses amados y liberadores!, proteged la ciudad. Mos- 170
traos como amantes de nuestro pueblo y cuidad de los públicos
templos fe inquietos por ellos, prestadles ayuda. Y las públi-

---

27. No compartimos las traducciones habituales que consideran *epál-*
xeón como punto de llegada de las piedras lanzadas. Creemos que tal
interpretación no se justifica ni con la sintaxis ni con la realidad de un
asedio.
28. La Victoria, personificada.
29. Epíteto de Atenea en Tebas.
30. No se trata de lengua distinta, sino de una diferencia dialectal. Ahora
bien la impresión que produce en el enemigo el atacante es la causa de ese
alejamiento: el enemigo habla otro idioma. No estaba lejos la experiencia
ateniense del ataque de los persas.

cas fiestas en que ofrecemos los sacrificios en vuestro honor,
175 *recordadlas ahora en nuestro favor.*

(Entra en escena Eteocles.)

ETEOCLES

Os pregunto, criaturas insoportables: ¿es lo mejor eso, lo
que salvará a la ciudad y dará ánimo a un ejército que está
sitiado? ¿Andar gritando y vociferando postradas ante es-
180 tatuas de dioses que son protectores de nuestra ciudad?
Todo eso es odioso para las gentes que tienen prudencia.

¡Ojalá no comparta yo la vivienda con mujeril raza, ni
en la desgracia ni tampoco en la amada prosperidad! Pues
la mujer, cuando es dueña de la situación, tiene una auda-
185 cia que la hace intratable; y, en cambio, cuando es víctima
del miedo, constituye un peligro mayor para su casa y para
el pueblo. Así, ahora, con vuestras huidas a la carrera, habéis infundido temor en los ciudadanos, restándoles ánimo, con lo que reforzáis en máximo grado la situación de
la hueste apostada fuera de las puertas, mientras que dentro nos destruimos nosotros mismos. ¡Cosas así puede lo-
190 grar el que convive con las mujeres!

Pero, si alguien no obedece a mi mando —hombre o
mujer o lo que haya entre ellos—, se decidirá contra él de-
creto de muerte y no hay medio de que logre escapar de una
muerte por lapidación a manos del pueblo.

195 Pues que lo de fuera es cosa de hombres, que las mujeres no piensen en ello, ¡que se queden dentro de su casa y
no perjudiquen!

¿Oíste o no oíste? ¿O le hablo a una sorda?

CORO

Estrofa 1.ª

¡Oh querido hijo de Edipo! Sentí miedo al oír ruido de carros
—estruendo y estruendo—, al resonar en las ruedas los cubos, 200
y por los bocados de los frenos hechos al fuego con los que a los
caballos dirigen †sin darles reposo†.

ETEOCLES

¿Pues qué? ¿Acaso el piloto que huye de popa hacia proa 205
encuentra un medio de salvación, cuando la nave recibe el
embate del oleaje en medio del mar?

Antístrofa 1.ª

Pero es que vine a la carrera a las antiguas estatuas de las
deidades, confiada en los dioses, cuando ⟨hubo⟩ en las puertas
un fragor de funesta nevada de piedras. Fue entonces cuando,
llevada del miedo, elevé plegarias a los felices,[31] *para que pro-* 210
tegieran a la ciudad.

ETEOCLES

Rogad que la torre nos ponga a cubierto de lanza enemiga,
porque también eso es cosa que viene de dioses; sino que
hay un dicho que afirma que abandonan los dioses una ciudad cuando es conquistada.

Estrofa 2.ª

¡Nunca en mi vida la abandone este grupo de dioses, ni vea yo 215

---

31. Los dioses.

*la ciudad con un tumulto de perseguidores y fugitivos, ni incen-
diada con fuego devastador!*

ETEOCLES

No decidas con cobardía ni te limites a invocar a los dioses.
220　La obediencia al mando es la madre del éxito y †la esposa†
del salvador. Así se dice.

Antístrofa 2.ª

*Lo es; pero aún es más poderosa la fuerza de un dios, y a me-
nudo al que está sin remedio en plena desgracia, lo levanta de
la nube de penosa aflicción suspendida sobre sus ojos.*

ETEOCLES

225　Eso es cosa de hombres, el poner por obra sacrificios y oráculos cuando están preparando una tentativa contra el enemigo. Lo tuyo es, en cambio, callar y quedarte metida en
tu casa.

Estrofa 3.ª

*Por merced de los dioses, habitamos una ciudad invicta, y una
torre nos tiene al abrigo de la turba de los enemigos. ¿Hay justo
230　motivo para rechazarlo lleno de horror?*

ETEOCLES

No te prohíbo que rindas honores al linaje de las deidades,
pero, a fin de que no infundas cobardía en los corazones
de los ciudadanos, estate tranquila y no reboses excesivo
miedo.

Antístrofa 3.ª
Al oír de improviso un tumulto estruendoso, con miédo y an- 235
gustia vine a esta acrópolis, sede honorable.

ETEOCLES
Pues bien, aunque te enteres de que estamos en trance de
muerte o heridos, no te dispongas a recibirlo con lamentaciones, porque con eso se nutre Ares, con muerte de
hombres.

CORO
Estoy oyendo, sí, relinchos de caballos. 240

ETEOCLES
¡Escuchas tú con mucha claridad! ¡No escuches demasiado!

CORO
Gime la ciudad desde sus cimientos, porque piensa que estamos
cercados.

ETEOCLES
¡Basta con que yo me ocupe de eso!

CORO
¡Soy presa del miedo! ¡Aumenta en las puertas el ruido!

ETEOCLES
¡No! ¡Calla! ¿Vas a ir diciendo nada de esto por la ciudad? 245

CORO

(Dirigiéndose al conjunto de imágenes.) *¡Oh agrupación de dioses, no abandonéis las torres!*

ETEOCLES

¡Muérete ya! ¡Soporta el peligro en silencio![32]

CORO

¡Dioses de la ciudad, que no sea mi suerte la esclavitud!

ETEOCLES

¡Tú misma te estás haciendo esclava![33] ¡Y a mí! ¡Y a toda la ciudad!

CORO

250   *¡Zeus omnipotente! ¡Vuelve tu dardo contra el enemigo!*

ETEOCLES

¡Oh Zeus! ¡Vaya compañía que nos diste con la raza de las mujeres!

(El Coro vuelve a tocar las estatuas, mientras dice:)

---

32. La irritación de Eteocles se manifiesta no solo en el contenido de sus expresiones, sino en la misma expresión: dos formas que pretenden comunicar una orden interrogativamente —*¿ouk es phthóron? ¿ouk sigôs' anaschései táde?*— se funden en una sola interrogación.

33. Con esa manera de pensar y obrar, quiere decir Eteocles.

CORO

Desdichada. Como la de los hombres cuya ciudad es conquistada.

ETEOCLES

¿Vuelves a hablar y a tocar las estatuas de nuevo?

CORO

Sí, pues por falta de ánimo, el miedo me quita el dominio sobre mi lengua.

ETEOCLES

¡Si me hicieras un servicio pequeño que yo te pido!   255

CORO

Cuanto antes lo digas antes lo sabré.

ETEOCLES

¡Calla, desgraciada! ¡No asustes a los nuestros!

CORO

Callo. Con otros sufriré mi destino.

ETEOCLES

Prefiero eso que dices ahora a lo que antes decías. Y, además de eso, apartada de las imágenes, haz el ruego de más   260
valor: que los dioses sean nuestros aliados. Y tan pronto como hayas oído mis oraciones, como un peán, entona el grito sagrado que nos da suerte, rito griego del clamor que se eleva en la ofrenda de los sacrificios, que infunde valor en nuestros amigos y desata el miedo de los enemigos.   265

Yo le digo a los dioses protectores de nuestro país, y a los que se ocupan de nuestras llanuras, y a los que velan por nuestra ágora y a la fuente de Dirce[34] y al agua corriente del río Ismeno que, si bien nos suceden las cosas y la
270 ciudad se salva, †hago el voto dez rociar con sangre de ovejas los hogares de las deidades, y de hacer en honor de los dioses sacrificios de toros, y erigir un trofeo con las vestiduras de los enemigos y dedicar a los santuarios el botín
(278) conquistado en la lucha y cubrir el acceso a los templos con los vestidos del enemigo.†

Eleva a los dioses plegarias como estas, sin dejarte lle-
275 var por deseos de gemir ni entre vanos suspiros salvajes, pues no vas, por eso, a escapar más de tu destino.

Yo, mientras, me voy a poner en las salidas de las siete puertas a seis hombres —yo seré el séptimo— que remaremos contra el enemigo †con mucho valor,† antes de que lleguen, apremiantes y rápidos, los informes de mensaje-
280 ros que nos inflamen con su urgencia.

(Sale de escena Eteocles.)

CORO

Estrofa 1.ª
Me preocupa eso, pero de miedo no tiene reposo mi corazón.
285 *Las inquietudes que en mi alma habitan reavivan el terror que me inspira la tropa que nos tiene cercadas.*
Soy como una tímida paloma que tiembla del miedo a ser-

---

34. Esposa de Lico, rey de Tebas, que atormentó a Antíope.

pientes, compañeras de lecho funestas para los pichones que 290
*están en el nido. Sí. Unos avanzan contra las torres; todos a
una, en orden cerrado —¿qué va a ser de mí?—, y los otros, los
ciudadanos arrojan piedras enormes a quienes nos atacan por* 295
todos los lados.[35]
*¡Dioses hijos de Zeus, salvad como sea a la ciudad y al
pueblo descendiente de Cadmo!*

Antístrofa 1.ª

¿Qué suelo mejor que el de este país tomaréis a cambio, cuando 300
hayáis dejado a los enemigos esta tierra de pastizales y la fuen- 305
*te de Dirce, la más saludable de cuantas aguas hace brotar
Posidón, el dios que mantiene la tierra, y las hijas de Tetis?*[36]
*Ante esto, ¡oh dioses protectores de nuestra ciudad, ojalá
inspiréis en los que están fuera de las torres*[37] *la ofuscación,* 310
*destructora de hombres, y arrojen al suelo con ella sus armas,
en tanto otorgáis la gloria del triunfo a los ciudadanos! ¡Sed
los salvadores de nuestra ciudad y permaneced en vuestras se-* 315
des propicios a las súplicas que expreso en agudos gemidos!

Estrofa 2.ª

Sí; es lamentable arrojar así al Hades la ciudad de Ógigo,[38]
someterla a la esclavitud del botín de guerra, y que sin honra

---

35. Como ya hemos indicado, preferimos la lectura de Bücheler. Hay que
tener en cuenta que el Coro está imaginando la batalla: asalto y defensa.
Cf. n. 27.
36. Tetis, hija de Urano y Tierra, tuvo, de Océano, más de tres mil hijos,
todos ríos.
37. Los atacantes.
38. Rey legendario de Tebas.

la reduzcan a polvo y ceniza los soldados aqueos por deci-
320   sión de la deidad. Y que sean conducidas las prisioneras —¡ay,
ay!—, jóvenes y ancianas, igual que yeguas, de los cabellos,
rotos sus velos por todas partes. Grita la ciudad, al irse que-
325   dando vacía, mientras el botín de mujeres camina a su perdición entre un confuso vocerío.
¡Con terror presiente una suerte insufrible!

Antístrofa 2.ª

Es causa de llanto para las que son apenas muchachas, como
frutos cortados sin madurar, antes de cumplirse los ritos nup-
330   ciales, emprender el camino de odiosas moradas.³⁹
Sí. Pronostico que el que ya ha muerto tiene mejor suerte
que ellas, porque innúmeros infortunios ocurren, cuando una
335   ciudad —¡ay, ay!— es conquistada: este hace a aquel prisio-
nero; el otro, asesina; el otro incendia, y la ciudad entera se
mancha de humo, y en los que están enfurecidos sopla, homici-
338   da. Ares, mancillando toda piedad.

Estrofa 3.ª

Sube el tumulto a la ciudadela, hacia el lugar donde se encuentra el recinto fortificado. Cada hombre recibe la muerte mediante ⟨...⟩ la lanza de manos de otro.
341   Suenan vagidos de niños lactantes ensangrentados que estaban mamando a los pechos maternos.
El pillaje es hermano de la persecución. El saqueador tro-
pieza con otro que ya ha saqueado, y el que carece aún de botín
346   llama al que está con las manos vacías con la pretensión de

---

39. Las viviendas de los vencedores.

hacerlo su cómplice, pero sin desear una parte igual o menor.
†¿Qué puede pensarse que saldrá de esto?†

Antístrofa 3.ª

Toda clase de frutos caída por tierra aflige a la casa que obtu- 351
vo amargos lechos nupciales.[40] *Y los numerosos dones de la tie-*
rra, en confuso montón, son arrebatados en el tumulto por gen-
tes inútiles que no trabajaron.

Hay cautivas ⟨jóvenes⟩ víctimas de un mal que descono- 356
cían ⟨con el sufrimiento⟩ de un lecho de esclava, el de un solda-
do de buena fortuna, con el temor de que a reforzar sus dolores
dignos de llanto venga el tributo nocturno a un enemigo más
fuerte que ella.

(Se acerca un mensajero.)

SEMICORO 1.º

A mi parecer, el soldado que espía a la hueste enemiga nos 361
trae, amigas mías, alguna nueva información, porque apre-
sura con diligencia los cubos[41] de los pies que aquí lo con-
ducen.

SEMICORO 2.ª

(Viendo a Eteocles que se aproxima por otro lado.) También
viene aquí, coincidiendo con ese, el Rey en persona, el hijo
de Edipo, y también la prisa ⟨no ajusta⟩ su pie a la dignidad
que le corresponde.

---

40. Amargos, porque se trata de violaciones.
41. Metáfora basada en la rapidez con que gira el eje de un vehículo
dentro de los cubos de sus ruedas.

MENSAJERO

366 Puedo decir, porque lo sé bien, lo que ocurre en el campo enemigo y cómo en las puertas cada uno obtuvo su suerte.

Tideo[42] ruge ya frente a la puerta de Preto,[43] pero el adivino no permite cruzar la corriente fluvial del Ísmeno, por no ser favorables los augurios de los sacrificios.

Así que Tideo, lleno de rabia y deseoso de combatir,
371 vocifera con gritos agudos como una serpiente al mediodía. Con ultrajes maltrata al sabio adivino hijo de Oícles,[44] echándole en cara que anda halagando al destino y la lucha por cobardía. Cuando así vocifera, tres penachos umbrosos
376 agita —las crines del casco—, y, bajo su escudo, badajos forjados en bronce tocan a miedo. Lleva en su escudo este arrogante emblema: un cincelado cielo fulgente de estrellas. En medio del escudo, se destaca la luna llena, la más
381 digna de todos los astros, ojo de la noche. Así, enloquecido con su bélico atuendo arrogante, grita junto a la ribera del río, ansioso de lucha, igual que un caballo que aguarda, dando resoplidos, tascando su freno, piafando pendiente de oír el sonido de la trompeta.

386 ¿A quién pondrás enfrente de este? ¿Quién ofrecerá garantías de defender la puerta de Preto, cuando los cerrojos ya hayan sido rotos?

---

42. Yerno de Adrasto, cuñado de Polinices y padre del héroe homérico Diomedes.
43. Rey mítico de Tirinto, que cambió su reino con Perseo por el de Argos.
44. Anfiarao.

ETEOCLES

Nunca temería yo galas con que un guerrero pueda adornarse. Ni los emblemas producen heridas. Penachos y badajos no muerden sin la lanza. Y esa noche que dices 391 que sobre su escudo contiene el cielo resplandeciente con las estrellas, puede que pronto sea una adivina que manifieste su insensatez; pues, si al morir, cae la noche sobre sus ojos, este emblema arrogante, con razón y justicia, vendría a ser el nombre apropiado para el que lo exhibía. 396 Así que él mismo contra sí mismo profetizará esa arrogancia.

Yo pondré frente a Tideo, para que sea el defensor de esa puerta, al valeroso hijo de Ástaco, muy noble, que hon- 401 ra el altar del Honor y aborrece, en cambio, las palabras llenas de jactancia, pues no comete acciones vergonzosas, ni le gusta ser un cobarde. La raíz de su estirpe brotó de los hombres sembrados[45] a quienes Ares perdonó la vida.[46] Es Melanipo, totalmente indígena de este país.

El resultado lo decidirá Ares con sus dados; pero es la 406 Justicia de defender a su misma sangre la que lo envía a la vanguardia, para alejar la lanza enemiga de la madre que lo engendró.[47]

---

45. Véase n. 5.
46. En realidad, fue una lucha intestina la que produjo la muerte de los hombres nacidos de los dientes del dragón. Solo cinco de ellos se salvaron, de alguno de los cuales es descendiente Melanipo.
47. La tierra beoda.

CORO

Estrofa 1.ª

Que los dioses concedan que mi campeón tenga buena suerte,

411 *porque con justicia se erige en defensor de nuestra ciudad. Pero tiemblo de ver el sangriento destino de los que perecen por quienes aman.*

MENSAJERO

¡Así concedan los dioses a ese tener buena suerte! Capaneo[48] obtuvo en suerte tener su puesto en la puerta de Electra.[49] Es otro gigante, más grande que el que an-

416 tes te dije. Su jactancia lo induce a tener pensamientos que superan la humana medida, y, contra las torres, está profiriendo amenazas terribles que ojalá no llegue a cumplir la fortuna.

Dice que va a devastar la ciudad, lo quiera o no la divinidad, que ni siquiera la oposición del propio Zeus que caiga con todo su peso delante de él se lo impedirá.

421 Los relámpagos y los rayos lanzados por Zeus, los asemeja al calor del sol del mediodía.

Por blasón tiene un hombre sin armas portador de fuego. Arde una antorcha entre sus manos a modo de arma, y dice en letras de oro: «Prenderé fuego a la ciudad».

426 Envía a alguien contra ese hombre. ¿Quién se le enfren-

---

48. Argivo. Es hijo de Hipónoco. Su hijo Esténelo habría de participar en la guerra de Troya.
49. Según otra versión del mito, la madre de Harmonía es Electra, una Pléyade.

tará? ¿Quién a ese arrogante guerrero resistirá sin temblor alguno?

ETEOCLES

De esta ventaja⁵⁰ que se nos ofrece, se nos deriva otro provecho. Sí; de los vanos pensamientos que tienen los hombres es su propia lengua un verdadero acusador.

Capaneo amenaza dispuesto a actuar; desprecia a los 431 dioses y mueve los labios con vana alegría. A pesar de ser un mortal, hacia el cielo lanza palabras altivas engreídas contra el propio Zeus. Tengo confianza en que, con justicia, le llegará el rayo portador de fuego, que en nada se parece 436 a los calores del sol del mediodía.

Aunque sea lenguaraz en demasía, ya ha sido designado contra él un hombre de ardiente coraje, el fuerte Polifontes, guarnición de completa garantía por la benevolencia de la protectora Ártemis y con la ayuda de otras deidades. 441
Dime otro al que le haya tocado alguna otra puerta.

CORO

Antístrofa 1.ª
¡Perezca el que impreca jactanciosamente contra la ciudad!
¡Que lo detenga el dardo del rayo antes de que él entre en mi
casa, y de las cámaras de las doncellas mediante su lanza arro- 446
gante ⟨me⟩ arranque!

---

50. La fanfarronería de Capaneo, además de la que se deriva de la fortaleza de Polifonte.

MENSAJERO

[Bien; el que tras este fue asignado a una puerta en sorteo]
voy a decirte.

451 Para el tercero, Eteoclo, una tercera suerte saltó del
casco de bello bronce al ser volcado: lanzar sus tropas contra la puerta que tiene el nombre de Puerta-Nueva. Y hacer volver a sus yeguas, ya relinchantes en sus arreos, que
están ansiosas de haber caído ya contra la puerta. Las mu-
456 serolas silban un bárbaro ruido llenas del aire de los resoplidos.[51] Está adornado su escudo de forma no humilde: un
hombre armado con todas sus armas[52] sube los peldaños de
una escala arrimada a una torre de los enemigos con intención de destruirla.

También grita este, en letras que forman palabras, que
de las torres ni Ares siquiera podrá derribarle.

461 Envía también contra este hombre al que garantía te
ofrezca de que ha de alejar de esta ciudad el yugo de la esclavitud.

ETEOCLES

[Podría enviar, al punto, a uno como dices, y con fortuna,
en contra de ese.] Sí; ya está enviado. Tiene arrogancia solo en
las manos. Es Megareo, semilla de Creonte, de la estirpe
466 de los hombres sembrados. No se va a retirar de la puerta
lleno de miedo por el ruido salvaje de los relinchos de unos

---

51. El arnés protector de la cabeza del caballo tenía unos tubos para per-
mitir la respiración del animal.
52. Un hoplita, con sus armas de ataque y defensa.

caballos, sino que o muerto abonará a su tierra lo que le debe por su crianza, o apoderándose de ambos guerreros[53] y de la ciudad representada sobre el escudo, adornará con sus despojos la casa paterna.

Muéstrame la jactancia de otro y no seas parco al hablar. 471

CORO

Estrofa 2.ª
Ruego —¡ay!— que acompañe la suerte a quienes luchan por nuestras casas, y a los otros la mala fortuna. Y que, igual que, arrastrados por la locura, profieren jactancias contra la ciudad, del mismo modo Zeus, en su calidad de administrador de 476 *la justicia, los mire con saña.*

MENSAJERO

Otro, en cuarto lugar, está apostado, vociferando contra la cercana puerta de Onca-Atenea, la corpulenta figura de Hipomedonte.[54]

Cuando hizo girar su enorme era —me refiero a su escudo circular— me eché a temblar —no voy a contártelo de modo distinto—. No era un cualquiera de poco precio 481 el que grabó el emblema, el que en el escudo hizo este trabajo: un Tifón[55] que a través de su boca que exhala fuego

---

53. Etéocles y el hoplita representado en su escudo.
54. Hijo de una hermana de Adrasto. Cuenta PAUSANIAS (11 205 y 368; X 10, 3) que los naturales de Lerna le mostraron las ruinas del castillo que habitaba.
55. Son muchas las variaciones míticas sobre el gigante Tifón. Zeus lo fulminó, y Tifón quedó en las entrañas del volcán Etna.

lanza una espesa y negra humareda, arremolinada hermana
486   del fuego. El borde del cóncavo escudo está guarnecido en
toda su órbita con espiras trenzadas de sierpes.[56]

Él mismo ha lanzado un grito de guerra y se lanza al combate poseso por Ares, delirando como una bacante, inspi-
rando terror con sus ojos.

491   Hay que guardarse muy bien de lo que intente este
guerrero, porque ya el Miedo alardea frente a la puerta.

ETEOCLES

Primero Onca-Palas, próxima a la ciudad, vecina de esta
puerta, odia la arrogancia de este guerrero[57] y lo alejará,
como a una fría serpiente, de sus polluelos.

Y además, Hiperbio, el valeroso hijo de Énope ha sido
496   elegido como guerrero contra ese hombre, y quiere infor-
marse de su destino en la necesidad que depara la suerte.
Ni en su aspecto, ni en su corazón, ni en la disposición de
sus armas merece reproche. Con razón, Hermes los ha
501   juntado,[58] pues nuestro hombre es enemigo del hombre al
que va a enfrentarse y ambos llevarán en sus escudos dioses que son entre sí enemigos: el uno lleva a Tifón, que
exhala fuego; mientras que en el escudo de Hiperbio estará
506   Zeus firme y dispuesto a lanzar con su mano un dardo en-

---

56. En el mito se concebía a Tifón rodeado de víboras de cintura para
abajo.
57. Atenea y Tifón son enemigos.
58. Bien porque Hermes protegió a Zeus, cuando al principio lo venció
Tifón, bien porque Hermes es el intérprete de la voluntad de Zeus, bien
porque, al ser venerado Hermes en las encrucijadas de los caminos, pre-
sidirá el encuentro de ambos guerreros.

cendido; y nadie ha visto jamás a Zeus vencido. Tal es la
actitud amistosa de ambas deidades de los dos bandos. Y en
tanto nosotros estamos del lado de los vencedores, ellos lo
están del de los vencidos. Es natural que lo mismo consigan
esos guerreros que van a enfrentarse, puesto que Zeus es en
el combate más fuerte que Tifón. Así que para Hiperbio, de 511
acuerdo con lo que indica su emblema, podrá ser Zeus su
salvador, que casualmente se encuentra en su escudo.

CORO

Antístrofa 2.ª

Confío en que quien lleva en su escudo al adversario enemigo
de Zeus —cuerpo de una deidad que está bajo tierra, imagen
odiosa para los hombres y para los dioses de vida perenne—
dejará su cabeza delante de esa puerta.   516

MENSAJERO
¡Que así suceda!
    Ahora te hablo del quinto guerrero. Ha sido apostado
contra la quinta puerta, la de Bóreas,[59] al lado mismo de la
tumba de Anfión, hijo de Zeus.[60]
    Jura por la lanza que empuña, en la que confía hasta el 521
extremo de venerarla más que a cualquier dios y por enci-
ma de sus propios ojos, que con toda seguridad ha de aso-
lar la ciudad de los cadmeos, aunque no quiera Zeus.

---

59. Dios del viento que sopla del Norte, donde estaría situada la puerta.
60. Anfión y su hermano gemelo Zeto, tras vengarse de su tío Lico y de
su esposa Dirce, reinaron en Tebas y construyeron sus murallas.

Vocifera este vástago de hermoso rostro nacido de una madre criada en los montes,[61] guerrero que es un niño con hechuras de hombre: poco ha que en las mejillas el bozo le 526 apunta con el desarrollo de la juventud, iniciando el brote de una espesa barba. Su carácter cruel en nada le cuadra a su nombre, propio de vírgenes.[62]

Ahí está plantado con una mirada que infunde pavor. Y no se sitúa, por cierto, carente de jactancia frente a la 531 puerta. Un insulto para la ciudad hay en su escudo forjado en bronce —redonda defensa para su cuerpo— que estaba blandiendo: carnicera Esfinge[63] sujeta con clavos, brillante figura en relieve que entre sus garras lleva un guerrero, un hombre cadmeo, de modo que sobre este hombre puedan caer lanzados muchísimos dardos.[64]

536 Parece que, ya que ha venido, no va a vender barato el combate, ni a manchar con el deshonor su viaje de largo camino.

Es el arcadio Partenopeo. Un hombre así, meteco que es,[65] por pagarle a Argos la excelente crianza que le dispensó, contra estas torres profiere amenazas que ojalá no les dé cumplimiento la divinidad.

---

61. Atalanta, expuesta por su padre en un monte al nacer, fue amamantada allí por una osa. Atalanta se dedicaría después a la caza en los bosques.

62. «Parteno» —contenido en Partenopeo— significa «virgen».

63. Alusión a la Esfinge de la que Edipo libró a Tebas.

64. Cuando Partenopeo se cubra con el escudo de los dardos que le lancen los defensores de Tebas.

65. Meteco es el extranjero domiciliado en una ciudad distinta de la que nació o es ciudadano.

ETEOCLES

Ojalá les concedan los dioses, por sus arrogantes e impías 541
jactancias, lo que proyectan para nosotros. Entonces ellos,
gente mortífera, perecerían de una manera absolutamente
miserable.

Hay también contra este, contra el árcade a que te re-
fieres, un guerrero no jactancioso, pero cuyo brazo está an- 546
sioso de entrar en acción. Actor, hermano del que antes
nombré. No permitirá que una lengua carente de obras
cruce la puerta y produzca innúmeros males, ni que pene-
tre en el interior de la muralla, de fuera a dentro, portando
en su escudo enemigo la imagen de esa odiosísima bestia. 551
La propia Esfinge va a reprochárselo al que la lleva, cuando al pie de nuestra ciudad vaya recibiendo golpes repetidos
sin interrupción.

Si quieren los dioses, yo puedo haber dicho la verdad
en esto.

CORO

Estrofa 3.ª

Tus palabras traspasan mi pecho. En mis trenzas se eriza el
cabello, al oír arrogancias de esos jactanciosos guerreros impíos. 556
   ¡Ojalá ⟨—¡ay!—⟩ los dioses los aniquilaran en nuestra
tierra!

MENSAJERO

Puedo informarte de un sexto guerrero, muy prudente y el
más valeroso adivino, el fuerte Anfiarao.[66]

---

66. Aunque Anfiarao sabe que ellos fracasarán, toma parte en la expedi-

561 Apostado ante la puerta Homoloide,[67] ultraja de continuo al fuerte Tideo, echándole en cara que es un homicida, un perturbador de la ciudad, el máximo maestro de las desgracias de Argos, heraldo de la Erinis, servidor de la muerte y que fue el consejero de Adrasto para estas desdi-
566 chas.[68] Y luego, dirigiéndose a tu hermano,[69] al fuerte Polinices, trastrocando y al final pronunciando su nombre partiéndolo en dos,[70] dice estas palabras con su boca: «¡Vaya
571 gesta! ¡Grata a los dioses! ¡Hermosa de escuchar y narrarla a la posteridad! ¡Destruir la ciudad de tus padres y a los dioses de tu propia raza! ¡Atacarlos con tropas extrañas!
576 ¿Puede haber jamás algo que justifique cegar la fuente materna? Cuando tu tierra patria llegue a ser conquistada por la lanza merced a tus intrigas, ¿cómo podrá ser nunca tu aliada? ¡Y yo, adivino enterrado bajo tierra enemiga, abonaré esta tierra! ¡Luchemos! ¡Espero lograr una muerte gloriosa!».
581 Tales cosas decía en voz alta el adivino embrazando con calma su escudo de bronce. Pero no existe blasón en su

---

ción por fidelidad a su palabra: había pactado con su cuñado Adrasto que, en cualquier diferencia que tuvieran, se someterían al arbitraje de Erífila —su esposa, y hermana de Adrasto—, que decidió la intervención en la guerra.

67. En Tebas se adoraba a Zeus Homoloio.

68. Los mitos atribuyen muchas muertes a Tideo: la de su tío Alcátoo, de la que lo purificó Adrasto, con cuya hija Deípile se casaría; las de numerosos tebanos con ocasión de una embajada antes de esta guerra; incluso la de Ismene, hermana de Eteocles y Polinices.

69. Texto corrupto.

70. Anfiarao juega con la significación de *Poly-níkes* «muchas querellas».

escudo, pues no quiere parecer el mejor, sino serlo, obteniendo el fruto mediante su espíritu del surco profundo de donde brotan las decisiones nobles.[71]

Te aconsejo enviar contra este sabios y valientes adver- 586
sarios, porque es terrible aquel que venera a los dioses.

ETEOCLES

¡Ay del hombre justo que se asocia a mortales impíos merced al agüero de un ave!

En cualquier empresa no hay nada peor que tener mala 591
compañía: no puede obtenerse buen fruto. La tierra sembrada de error, como fruto, produce la muerte.[72] Sí; un hombre piadoso que embarca en un navío con marineros temerarios que proyectan alguna maldad, termina por perecer en compañía de esa raza de hombres que es despre- 596
ciada por las deidades. Y el que es justo, pero se asocia a hombres que son ciudadanos hostiles al huésped y no tienen en cuenta a los dioses, cae justamente en la misma red que los otros y sucumbe herido por el azote, que a todos alcanza, de la deidad. Del mismo modo, el adivino —me 601
refiero al hijo de Oícles—, varón prudente, justo, valiente y piadoso, además de insigne profeta, al mezclarse, violentando su corazón, con hombres de lengua arrogante que se dirigen a llegar a un punto de imposible repatriación, si Zeus lo quiere, será arrastrado junto con ellos a la perdición. Así que pienso que ni siquiera atacará la puerta, no 606

---

71. Hay aquí como una cierta anticipación de la doctrina socrática que identifica virtud y conocimiento.
72. De acuerdo con Page, consideramos auténtico este verso.

porque carezca de corazón ni por cobardía de resolución, sino porque sabe que es fuerza que él muera en la batalla, si fruto produce el anuncio de Loxias,[73] [pero gusta de guardar silencio o decir lo que es oportuno].

611 Sin embargo, le opondremos a un hombre, la fuerza de Lástenes, portero enemigo de los extranjeros, que viejo de mente,[74] está echando músculos de juventud plena, con rápida vista, y no se demora en agarrar con su lanza el punto que deja indefenso el escudo enemigo.

616 Pero que los mortales consigan triunfar, solo es un don de la divinidad.

CORO

Antístrofa 3.ª
Escuchad, dioses, nuestras súplicas con arreglo a justicia y ha-
ced que se cumplan, para que triunfe nuestra ciudad. Alejad de
nosotros los males que traen las armas y volvedlos contra los
invasores de nuestro país.

621   *¡Que los alcance Zeus con el rayo y los mate fuera de las*
torres!

MENSAJERO
Voy a decirte el séptimo, el que está frente a la séptima puerta: tu propio hermano. ¡Qué maldiciones profiere, qué triste destino impreca para la ciudad!: tras escalar la

---

73. Apolo, que le había concedido el don profético, por lo que Anfiarao sabía de antemano que la expedición iba a fracasar.
74. Esto es, «prudente».

torre y ser aclamado en su tierra, después de entonar el
peán en el tumulto de la conquista, encontrarse en com- 626
bate contigo, matarte y morir a tu lado o dejarte vivo, ya
que lo ultrajaste con el exilio, y castigarte del mismo
modo.

Así grita e invoca a los dioses gentilicios de su tierra
patria, para que miren sus súplicas con absoluta benevo- 631
lencia, el fuerte Polinices. Lleva un escudo recién forjado,
enteramente redondo, con un doble blasón adaptado, en el
que se ve un hombre cincelado en oro, un guerrero al que 636
una mujer guía con prudencia. Dice que es Justicia, según
manifiesta el letrero: «Haré regresar del exilio a este hombre, que posea su ciudad patria y vuelva a habitar su palacio». Tal es lo que se encuentra en aquellas figuras. Decide 641
ya tú solo a quién piensas mandar, porque nunca reproches me harás por mi información. Así que decide tú solo
cómo pilotar la ciudad. *(Sale de escena.)*

ETEOCLES

¡Oh locura venida de los dioses y odio poderoso de las deidades! ¡Oh raza de Edipo mía, totalmente digna de lágri- 646
mas! ¡Ay de mí, ahora llegan a su cumplimiento las maldiciones de nuestro padre![75] Pero no es conveniente llorar ni
gemir, no vaya a ser que de ello se engendre un lamento
que sea más difícil de soportar.

---

75. Tres fueron las imprecaciones de Edipo sobre Eteocles y Polinices
por la impiedad con que lo trataron después de conocer su incesto: 1) que
no tuvieran paz ni vivos ni muertos; 2) que se mataran mutuamente; 3)
que se repartieran su herencia espada en mano.

Para el que tiene un nombre tan apropiado, a Polinices
651 me refiero,[76] pronto sabremos en qué termina el significado de su divisa: si le van a traer del destierro esas letras hechas en oro que sobre su escudo expresan necedades y extravío mental. Esto quizá sería posible, si la hija de Zeus, la virgen Justicia estuviera presente en sus acciones y en su corazón. Pero ni cuando huyó de las tinieblas del seno materno, ni en los días de su crianza, ni menos aún al alcanzar la adolescencia, ni al contar ya con pelo en la barba puso en él la Justicia sus ojos ni lo estimó de alguna valía, ni creo que ahora, en el preciso momento que maltrata a su patria,
661 vaya a ponerse cerca de él. De cierto, con toda razón, el de Justicia sería un nombre falso, si ella le diera su ayuda a un hombre carente de escrúpulos en su corazón.

Confiado en eso iré y lucharé yo mismo con él. ¿Qué otro podría hacerlo con mayor legitimidad? Rey contra rey, hermano contra hermano, y enemigo contra enemigo
666 me voy a medir.

(A uno de su séquito.)

Trae cuanto antes las grebas, defensa contra la lanza y contra las piedras.

CORIFEO
Hijo de Edipo, el más amado de los varones, no te iguales en ira al que anda gritando perversidades.

Ya es suficiente que los hombres cadmeos lleguen a

---

76. Véase n. 70.

las manos con los argivos, pues es sangre que puede expiar- 671
se. Pero la muerte de dos hermanos que entre ellos se ma-
tan así, con sus propias manos..., no existe vejez de esta
mancha.[77]

ETEOCLES
Si hay que soportar la desgracia, sea al menos sin deshonor; es la única ganancia que queda a los muertos, mientras
que de sucesos infaustos y faltos de honra, ninguna gloria 676
celebrarás.

CORO

Estrofa 1.ª
¿Qué deseas lleno de ardor, hijo? ¡Qué no te arrastre esa cegue-
ra sedienta de lucha que inflama tu alma!
¡Arroja de ti el comienzo de ese deseo!

ETEOCLES
Puesto que la deidad da impulso con fuerza a este asunto, 681
¡vaya adelante a merced del viento, y consiga en suerte la
ola del Cocito,[78] toda la raza de Layo odiada por Febo!

---

77. Permanece para siempre por no existir posibilidad de expiarla, dada
su gravedad.
78. Río de los lamentos, afluente del Aqueronte, una parte de las
aguas que han de atravesar las almas de los muertos antes de llegar al
Hades.

CORO

Antístrofa 1.ª

¡Te muerde un deseo en exceso salvaje y te empuja a llevar a cabo la muerte de un hombre que es el fruto amargo de una sangre que no es lícito derramar!

ETEOCLES

686 Sí. †Me lo va encaminando a su fin† la odiosa maldición de mi amado padre. Se adhiere a mis ojos secos, sin lágrimas, y me dice que es mejor la muerte inmediata que morir después.

CORO

Estrofa 2.ª

Pero no te apresures. Tú no serás llamado cobarde, si conservas
691 *indemne tu vida.*[79] *La Erinis, de negra égida, saldrá de tu casa, cuando de tus manos acepten los dioses un sacrificio.*

ETEOCLES

En cierto modo ya estoy abandonado de los dioses. Solo se mira con admiración el favor que les hago si muero. ¿Por qué tendría aún que halagar a un destino que me lleva a la muerte?

---

79. Ahora su vida está mediatizada ritualmente por las maldiciones paternas, y emocionalmente por las consecuencias, subjetivas de esas maldiciones.

CORO

Antístrofa 2.ª
Sí, en estos momentos que está a tu lado. Después la deidad, 696
luego de cambiar sus designios a vueltas del tiempo, tal vez
vendría con un espíritu más favorable. Ahora, en cambio, to-
davía hierve.

ETEOCLES
Sí. Las imprecaciones de Edipo le hicieron hervir. ¡Demasiado ciertas las visiones fantasmagóricas de mis ensueños, 701
cuando repartían la riqueza paterna!

CORIFEO
Sin embargo, haz caso a mujeres, aunque no te guste.

ETEOCLES
Podéis decirme algo que pueda ser llevado a cabo, pero sin
demasiadas palabras.

CORIFEO
No hagas ese camino a la séptima puerta.

ETEOCLES
Mi decisión es tajante. No van a hacer mella en mí tus pa- 706
labras.

CORIFEO
La deidad concede valor a cualquier victoria, incluso a aquella que no se basa en la valentía.

ETEOCLES
No debe gustarle eso que has dicho a un guerrero hoplita.

CORIFEO
¿Pero quieres segar tú la sangre de tu propio hermano?

ETEOCLES
Nadie puede evitarlas, si los dioses envían desgracias.

(Sale Eteocles.)

CORO

Estrofa 1.ª

711   *Me estremezco al pensar que la deidad destructora de las fami-*
      lias —deidad no semejante a las otras deidades—, la muy ver-
716   *dadera profetisa del mal, la Erinis invocada por un padre, dé*
      cumplimiento a las airadas maldiciones que profirió Edipo
      arrastrado por el arrebato que anubló su mente. Y esta discor-
      dia de ahora, que la muerte de los hijos entraña, los está empu-
      jando a la acción.

Antístrofa 1.ª

      Un extranjero asigna los lotes. Cálibo,[80] emigrante de Esci-
721   *tia,[81] amargo distribuidor de las riquezas testamentarias —el*

---

80. Por metonimia: «espada». Los célibes, descendientes de Ares, eran
considerados como buenos herreros e inventores del acero. Habitaban al
sur del mar Negro.
81. País, de límites imprecisos, al NE de Europa y NO de Asia, de donde
se decía que procedían los célibes.

acero de alma cruel—, tras sacar en sorteo que habiten cuanta tierra puedan abarcar incluso muertos, sin ser partícipes de vastas llanuras.

Estrofa 2.ª

Luego que hayan muerto dando y recibiendo la muerte con sus 726
propias manos, y que el polvo de su propia tierra haya bebido el negro cuajarán de la sangre del mutuo homicidio, ¿quién podría suministrar las purificaciones?, ¿quién podría purificarlos?[82]
  ¡Oh, nuevos infortunios de esta familia mezclados ya a las 731
antiguas desgracias!

Antístrofa 2.ª

Sí. Quiero decir que la transgresión antaño nacida, castigada rápidamente, permanece no obstante hasta la tercera generación, cuando Layo[83] *violentó la orden de Apolo, aunque este le* 736
dijo tres veces en el pítico[84] *oráculo del ombligo del mundo*[85] *que salvara nuestra ciudad muriendo sin descendencia.*

Estrofa 3.ª

Vencido por su propia irreflexión, llegó a engendrar su propia 741

---

82. Se refiere a la imposibilidad de purificación ritual. Cf. n. 77.
83. Layo, hijo de Lábdaco y nieto de Cadmo, no tenía hijos. Acudió tres veces al oráculo y las tres veces se le profetizó que, si llegaba a tener un hijo, este lo mataría y llegaría a ser la ruina de Tebas.
84. Derivado de Pitón, el dragón que hubo de matar Apolo para posesionarse del antiguo oráculo de Temis en Delfos.
85. Delfos, donde estaba el templo de Apolo, era considerado el centro del mundo.

muerte, al parricida Edipo,[86] *que sembró el puro campo mater-*
no donde él se crio, con lo que osó hacer brotar una raíz llena
746   *de sangre. ¡Locura destructora de almas unió a los esposos!*[87]

Antístrofa 3.ª

Cual mar de desgracias empuja sus olas: cuando cae una,
751   *levanta otra de triple garra que rompe rugiendo en torno a*
la popa de nuestra ciudad. Y en medio esta torre en un cor-
756   *to espacio tiende su defensa. Temo que nuestra ciudad sucumba*
a la vez que sus reyes.

Estrofa 4.ª

Sí. Ya está llegando a su cumplimiento la abrumadora liqui-
761   *dación de las maldiciones antaño imprecadas. La perdición*
†viene a cumplirse†, no pasa de largo. La prosperidad de los
hombres emprendedores, cuando llega a ser demasiado abulta-
da, arrastra consigo el tener que ser por la borda lanzada.

Antístrofa 4.ª

Pues ¿a qué hombre honraron tanto los dioses y los ciudadanos
que compartían el hogar †de nuestra ciudad†[88] *y, en fin, la*
766   *muy frecuentada asamblea de los mortales,*[89] *como antaño hon-*

---

86. Al nacer Edipo, Layo lo confió a un pastor suyo para que lo matara, pero este lo entregó a otro de Pólibo, rey de Corinto. Con el tiempo, Edipo encuentra a Layo y, sin saber que es su padre, lo mata. Edipo llega a Tebas, la libera de la Esfinge y se casa con Yocasta, su madre y esposa de Layo.

87. Layo y Yocasta.

88. Los ciudadanos de Tebas.

89. La humanidad en general.

raron a Edipo por haber extirpado de nuestra tierra la Cer⁹⁰ *que*
sus hombres le arrebataba?

Estrofa 5.ª

Pero, luego que el desdichado se hizo consciente de su triste 771
boda, no pudo soportar su dolor y con el corazón enloquecido
llevó a cabo desgracias gemelas: con la misma mano que mató
a su padre se saltó †los ojos, más caros que los propios hijos†.

Antístrofa 5.ª

Luego, resentido con sus hijos por aquella comida de antaño⁹¹ 776
—¡ay, ay!— profirió con amarga lengua las maldiciones e
imprecó que con mano repartidora mediante el acero obtuvie-
ran ambos un día su herencia. Y ahora temo que vaya a cum- 781
plirlo la Erinis de rápidos pies.

(Entra un mensajero.)

MENSAJERO

¡Ánimo, jóvenes recién criadas por vuestras madres! Ya
esta ciudad ha escapado del yugo de la esclavitud. Han caído a tierra las jactancias de esos poderosos guerreros. La
ciudad está en calma y no ha hecho agua, a pesar de los mu- 786
chos embates del oleaje. La muralla nos protegió, y las

---

90. Deidad que producía la muerte. Usado aquí por metonimia: «la Esfinge», que daba muerte a cuantos no resolvían un enigma que les proponía.
91. Una de las maldiciones sobre sus hijos la profirió Edipo cuando, en
un banquete, con intención de ultrajarlo, le sirvieron huesos en lugar de
carne.

puertas las guarnecimos con campeones de garantía que lucharan en singular combate. Lo más importante va bien

791   en seis puertas; pero la séptima la eligió para sí el que recibe los sacrificios el día séptimo,[92] el venerable señor Apolo, llevando a sus últimas consecuencias, en perjuicio de la estirpe de Edipo, los antiguos desatinos de Layo.

CORIFEO

803   ¿Qué nuevo suceso hay en la ciudad?

MENSAJERO

796   Han muerto esos hombres dándose mutua muerte con sus propias manos.

CORIFEO

¿Quiénes? ¿Qué has dicho? No coordino mis pensamientos del miedo que me dan tus palabras.

MENSAJERO

Serénate entonces y escucha: la descendencia de Edipo...

CORIFEO

¡Ay de mí, desdichada! ¡Ya estoy adivinando las desgracias!

MENSAJERO

... sin duda ninguna, caídos ya en el polvo...

---

92. De cada mes.

CORIFEO

¿Yacen ambos allí? Dilo, aunque sea algo abrumador.   801

MENSAJERO

... a un tiempo se mataron con sus manos hermanas.

La ciudad se ha salvado; en cambio, de ambos reyes de (820)
idéntica semilla, la sangre ha bebido la tierra por la muerte (821)
que entre ellos se han dado. Ambos tuvieron así un destino (812)
común por completo, el destino precisamente que está lle- (813) (815)
vando a la perdición a ese linaje infortunado.

De tales sucesos podemos tener alegría y llanto a la vez: (814)
la ciudad, triunfadora; pero los jefes, ambos caudillos, se (815)
repartieron, mediante el forjado a martillo hierro de Esci- (816)
tia, la plena posesión de los bienes: tendrán la tierra que en (817)
la tumba reciban; con arreglo a las maldiciones paternas (818) 820
han sido arrastrados los infortunados.   (819)

(Sale el mensajero.)

Coro

¡Oh grandioso Zeus y deidades protectoras de nuestra ciudad,
†que estos muros de Cadmo salvasteis!† ¿Debo alegrarme y 812
alzar mis gritos de gratitud al salvador[93] *de la ciudad que ale-*
jó de nosotros el daño ⟨...⟩? ¿O llorar a los desgraciados e infe-
lices jefes guerreros privados de hijos, que, con razón, con arre- 817
glo a sus nombres ⟨realmente famosos⟩[94] *y causantes de muchas*
querellas han perecido por su manera de pensar impía?

---

93. Zeus.
94. Nuestra conjetura sigue la misma pauta: jugar con la etimología de
Eteocles como en el texto conservado se juega con la de Polinices. Cf. n. 70.

Estrofa 1.ª

¡Oh negra y ya cumplida maldición de Edipo y de su estirpe!

822   *Un frío espantoso me hiela el corazón.*

En mi delirio compuse un cántico para la tumba, al oír que de infortunada manera murieron, que sus cadáveres chorrean sangre.

¡Bajo un mal augurio tuvo lugar este concierto en que la flauta era la lanza!

Antístrofa 1.ª

827   *Actuó hasta el final y no desistió la voz imprecadora del padre. Perduraron las desobedientes decisiones de Layo.*

Pero hay angustia por la ciudad, pues los oráculos nunca se embotan.

832   *¡Ay de vosotros, dignos de muchos lamentos, habéis realizado una acción increíble! ¡Han venido dolores reales, no de palabra,[95] que causan piedad!*

(Se aproxima un cortejo con los cadáveres
de los príncipes.)

Esta es la propia evidencia: manifiesto está el relato del mensajero. Estoy viendo el doble infortunio que me producía preo-
837   *cupación doble: estos sufrimientos, estas dos fratricidas muertes que ya se han cumplido.*

¿Qué decir? ¿Qué otra cosa queda ya en el palacio, sino pena de penas?

---

95. Esto es, no como la preocupación que se derivaba del conocimiento de las maldiciones de Edipo.

¡Vamos, amigas! Siguiendo el viento de nuestros gemidos,
con ambas manos daos golpes en la cabeza con ritmo del remo que 842
siempre acompaña en la travesía del Aqueronte a la nave de velas
negras sin aparejo, portadora de peregrinos a la tierra sin sol en
que Apolo jamás puso el pie, tierra invisible que a todos recibe.[96] 847

(Termina de entrar el cortejo fúnebre.
Antígona viene tras el cadáver de Polinices;
Ismene, tras el de Eteocles.)

Pero aquí llegan, para amarga misión, Antígona e Ismene. No
cabe duda; estoy pensando que del interior de sus profundos 852
pechos amables, proferirán un canto fúnebre por sus hermanos
en consonancia con su dolor.

Justo es que nosotras, antes de su voz ⟨...⟩, entonemos el
lúgubre himno de Erinis, y a continuación a Hades cantemos 857
odioso peón.

¡Ay de las hermanas más desdichadas de las que a su veste
ceñidor ajustan! Lloro, gimo y no hay fingimiento de que,
como debo, me lamento de corazón.

Estrofa 1.ª

—*¡Ay, ay, insensatos, desobedientes a quienes os que rían,*[97] 862
que de desgracias nunca os cansasteis! ¡Para vuestra desdicha
habéis conquistado mediante un combate la casa paterna!

    —*¡Desdichados, sí, quienes hallaron mísera muerte para* 867
sumir en ruina su casa!

---

96. El reino de Hades.
97. Cf. vv. 712-719.

Antístrofa 1.ª

—*¡Ay, ay de vosotros, los que abatisteis los muros de vuestra morada, y tras haber visto monarquía amarga ya mediante el hierro hicisteis la paz!*

872   —*Muy certeramente lo ha ejecutado la augusta Erinis de su padre Edipo.*

Estrofa 2.ª

⟨—⟩ *Se hirieron a través de los flancos izquierdos que habían*
877 *nacido del mismo vientre.* ⟨...⟩ *¡Ay, ay, infelices! ¡Ay, ay, maldiciones de recíprocas muertes!*

882   —*Pretendes decir que fueron heridos sus cuerpos y casas por la ira indecible con que los maldijo su padre ⟨y no⟩ por un destino que los marcara con la discordia.*

Antístrofa 2.ª

887   —*Un gemido recorre también la ciudad: gimen las torres; gime el suelo que amaba a esos hombres. Para las venideras generaciones quedan las riquezas por las que —¡funesto destino el de*
892 *ellos!— les llegó la discordia, el fin de la muerte.*

⟨—⟩ *Exaltados de corazón, se repartieron esas riquezas de modo que ambos pudieran lograr igual lote;*[98] *pero el mediador no deja de merecer el reproche de sus amigos:*[99] *no es placen-*
897 *tero Ares.*

---

98. Eteocles y Polinices acordaron inicialmente turnarse en el poder año tras año. La guerra se origina cuando —no hay datos concretos de las causas— Eteocles detenta el poder y destierra a Polinices.

99. El mediador es Ares —la guerra—; los amigos de los príncipes,

Estrofa 3.ª

—*Así están ahora, por el hierro heridos;* †*y heridos por el hierro,*
están esperándolos... «—¿*Quiénes?*», *podría alguien decir—*
sus participaciones en la tumba paterna.†

—†*De su casa les*† *acompaña* †*un resonante*† *gemido,*   902
desgarrador, propio de aquel que por sí mismo llora, del que
llora su propia desgracia, salido de un alma encendida en la
pena, para la que acabó la alegría, que lágrimas vierte con   907
sinceridad desde lo hondo de su corazón, que se empequeñece
cuando yo lloro por estos dos príncipes.[100]

Antístrofa 3.ª

—*Puede decirse de estos desdichados que muchos estragos hi-*
cieron en los ciudadanos y en las filas de toda la hueste extran-   912
jera, muertos innúmeros en el combate.

—*Desgraciada la que los parió, más que ninguna de las mu-*
jeres que madres se llaman: al propio hijo tomó por esposo y   917
parió a estos que así murieron, dándose muerte recíprocamente
con sus manos nacidas de igual semilla.

Estrofa 4.ª

—*De igual semilla, sí, y entre sí funestos, con tajos que inspiraba*   922
el odio en la locura de su discordia, en el desenlace de su querella.

⟨—⟩*El odio ha cesado, y en la tierra empapada en su san-*   927
gre se han mezclado sus vidas. ¡Ahora sí que son de una sangre!
Amargo ha sido el liberador de sus querellas, el extranjero del

---

100. Con esta hipérbole —el Coro siente más dolor que las hermanas de
los muertos—, se destaca la importancia y consecuencias políticas de estas muertes.

932 *Ponto sacado del fuego, el hierro buido; amargo también el
cruel partidor de la herencia. Ares, al hacer verdadera aquella
antigua maldición paterna.*

Antístrofa 4.ª

937 —*Tienen los desdichados, ya lo han conseguido, su parte en las
penas por Zeus concedidas. Bajo su cuerpo tendrán una inson-
dable riqueza de tierra.*

—*¡Ay de los que adornaron su estirpe con las flores de in-
númeras penas!*

*Las maldiciones han proferido al fin el agudo alarido de su
canto triunfal; al emprender la fuga esta estirpe con una com-*
942 *pleta derrota. Ate ha erigido un trofeo en la puerta en que se*
947 *batieron y, vencedora de ambos hermanos, se aplacó la deidad.*

ANTÍGONA. — *Herido, heriste.*

ISMENE. — *Moriste después de matar.*

ANTÍGONA. — *Con lanza mataste.*

ISMENE. — *Por lanza moriste.*

ANTÍGONA. — *Dolores causaste.*

ISMENE. — *Dolores sufriste.*

952 ⟨ANTÍGONA⟩. — *Aquí estás yacente.*

⟨ISMENE⟩. — *Mataste.*

965 (946) ANTÍGONA. — *Salga mi lamento.*

ISMENE. — *Mis lágrimas salgan.*

Estrofa 1.ª

⟨ANTÍGONA⟩. — *¡Ay!*

⟨ISMENE⟩. — *¡Ay!*

⟨ANTÍGONA⟩. — *Mi corazón delira en gemidos.*

ISMENE. — *Dentro del pecho mi corazón gime.*

ANTÍGONA. — *¡Ay, ay, de ti, merecedor de todo mi llanto!*

ISMENE. — *¡Y tú por tu parte también del todo infeliz!* 957

ANTÍGONA. — *Pereciste a manos de uno de los tuyos.*

ISMENE. — *Ya uno de los tuyos diste la muerte.*

ANTÍGONA. — *Dos veces se puede decir.*

ISMENE. — *Dos veces se puede aquí ver.*

ANTÍGONA. — *†Cerca de tales dolores se dice y se ve†.*

ISMENE. — *†Cerca se hallan estas hermanas de sus hermanos†.*

CORO

¡Ay, Moira,[101] *causante de penas, que abrumadores dones con-* 962
cedes, y augusta sombra de Edipo, Erinis negra, sí, eres un ser
muy poderoso!

Antístrofa 1.ª
—*¡Ay!*
—⟨*¡Ay!*⟩
Sufrimientos penosos de ver †puso ante mis ojos† al volver 967
del destierro. Apenas llegó cuando mató, pero, salvado, perdió
la vida.
—*Pereció, sí, este.*
—*Y a este se llevó.*
—*¡Desgraciada estirpe!*
—*¡Sufridora de miles desgracias!*
—*†¡Penosos funerales de idéntico nombre!†.*[102]

---

101. Deidad que reparte los destinos entre los seres humanos. Ese destino o hado es superior incluso a los dioses.
102. El de hermanos.

972   —†*¡Empapados de los sufrimientos que han atacado en tres*
     ocasiones!†.[103]

CORO
     ¡Ay, Moira, causante de penas, que abrumadores dones conce-
     des, y augusta sombra de Edipo, Erinis negra, sí, eres un ser
     muy poderoso!
          ANTÍGONA. — *Tú la conoces, pasaste por ella.*
977   ISMENE. — *Y tú la aprendiste en el mismo momento.*
          ANTÍGONA. — *Tan pronto volviste a nuestra ciudad.*
          ⟨ISMENE. — ⟩ *Alanceando a este.*
          ANTÍGONA. — *Funesto es decirlo.*
          ISMENE. — *Y funesto verlo.*
          ANTÍGONA. — *¡Ay, pena!...*
          ISMENE. — *¡Ay, desgracias!...*
982   ⟨ANTÍGONA. — ⟩ *¡... para nuestra casa!*
          ISMENE. — *¡... y nuestra tierra!*
          ⟨ANTÍGONA. — ⟩ *¡Y para mí más que para nadie!*
          ⟨ISMENE. — ⟩ *¡Y más para mí!*
          ANTÍGONA. — *¡Ay, ay, soberano, por nuestras penosas*
     desgracias!
(998, a) ⟨...⟩.[104]
(998, b) ⟨...⟩.[105]
          ISMENE. — *¡Oh Eteocles, jefe de nuestra familia!*

---

103. Referencia a tres momentos luctuosos para la estirpe de Edipo:
1) muerte de Layo; 2) incesto de Edipo y sus consecuencias; 3) muerte de
los hijos varones de Edipo en lucha fratricida.
104. Falta verso dirigido a Eteocles.
105. Falta verso dirigido a Polinices.

ANTÍGONA. — *¡Ay! ¡Sois los más desdichados de todos los* 987 *hombres!*

ISMENE. — *¡Ay! ¡Estaban posesos por la deidad que ciega la mente!*[106]

ANTÍGONA. — *¡Ay! ¿Dónde los enterraremos?*

ISMENE. — *¡Ay! En el sitio que sea más honroso.*

ANTÍGONA. — *¡Ay, ay! ¡Descanse este dolor junto a su padre!*[107]

(Inicia el cortejo su lenta salida de escena, cuando un heraldo llega y detiene su marcha.)

HERALDO

Debo anunciaros el parecer del Consejo del Pueblo de esta 992 ciudad de Cadmo. Decretó que a este, a Eteocles, por su amor al país, se le sepulte en una fosa cavada con amor en nuestra tierra, porque escogió la muerte en la ciudad defendiéndola del enemigo. Puro y sin tacha respecto a los 997 ritos de nuestros abuelos, ha muerto allí donde es bello para un joven morir. Así se ha ordenado hablar sobre este.

En cambio, a su hermano, a este cadáver de Polinices, se ha decretado arrojarlo fuera y dejarlo insepulto como botín para los perros, porque hubiera sido el destructor de 1002 este país de los cadmeos, si un dios no se hubiera opuesto a su lanza. Aunque no haya logrado su intento por haber muerto, se habrá ganado la mancha que constituye la ofen-

---

106. Por Ate.

107. Según este texto, la tumba de Edipo no estaría en Colono —versión de Sófocles—, sino en Tebas.

sa que hizo a los dioses de nuestros abuelos. Los ofendió al
lanzar al ataque un ejército de gente extranjera con que
1007   intentaba conquistar la ciudad. Por ello, ha sido general
parecer que este reciba el castigo debido con la ignominia
de ser devorado por aves alígeras, y que no lo acompañen
amigos que con sus manos le erijan un túmulo, ni se le
rindan fúnebres honras con lamentos de tonos agudos y
que se le prive de los honores del funeral séquito de sus
1012   amigos. Tales decisiones tomó el poder actual de los cadmeos.

ANTÍGONA
Pues yo les digo a los gobernantes de los cadmeos que, si
ningún otro quisiera ayudarme a enterrarlo, yo lo enterra-
1017   ré y arrostraré el peligro de dar sepultura a mi hermano,
sin avergonzarme de mi resistencia desobediente a los que
mandan en la ciudad.

Terrible es la entraña común de donde nacimos, de mi
infeliz madre, y la procedencia de mi desdichado padre.
Por eso, alma mía, pon tu voluntad al servicio del que ya
1022   no la tiene y participa de sus infortunios. Vive para el
muerto con un verdadero corazón de hermana. No van
a devorar sus carnes los lobos de vientre famélico. ¡No
lo piense nadie! Antes, al contrario, aun siendo mujer,
una fosa y túmulo voy a procurarle. Me lo llevaré entre
los pliegues de mi veste de lino y yo sola lo enterraré. Que
1027   nadie imagine lo contrario. Mi resolución hallará algún
medio de hacerlo.

HERALDO

Te lo advierto: no violentes en eso a la ciudad.

ANTÍGONA

Te lo advierto: no me vengas con proclamas absurdas.

HERALDO

Riguroso es un pueblo que escapó de un desastre.

ANTÍGONA

Sé riguroso; pero este cadáver no se va a quedar insepulto. 1032

HERALDO

¿Pero al que la ciudad odia vas a honrarlo con la sepultura?

ANTÍGONA

†Aún no han dictado sobre él su sentencia los dioses†.

HERALDO

No la dictaron hasta el momento en que puso en peligro nuestro país.

ANTÍGONA

Fue maltratado y respondió, a su vez, con maltratos.

HERALDO

Pero contra todos era su empresa, en lugar de contra uno solo. 1037

⟨ANTÍGONA⟩

⟨...⟩.

HERALDO
Entre los dioses es Discordia la última en decir su palabra.

ANTÍGONA
Pero yo lo voy a enterrar. No andes gastando más palabras.

HERALDO
Proyecta a tu gusto. Yo te lo prohíbo.

CORO

1042   *¡Ay, dolor! ¡Oh Erinis altivas y destructoras de las estirpes,*
deidades de muerte que así, de raíz, aniquilasteis al linaje de
Edipo!, ¿qué debo sufrir? ¿Qué hacer? ¿Qué pensar?

(El Coro se dirige al cadáver de Polinices.)

1047   *¿Cómo osaré no llorarte y acompañarte hasta la tumba? Pero*
estoy asustada y me contengo por temor a los ciudadanos.

(Al cadáver de Eteocles.)

Tú, al menos, tendrás muchos que te lloren, pero aquel, sin
1052   *lamentos, con el único canto fúnebre de una hermana, se irá de*
aquí. ¿Quién lo podría creer?

⟨Semicoro 1.°⟩
Castigue la ciudad o no castigue a los que lloran a Polinices,
pues nosotras, como acompañantes en el duelo, iremos y parti-
1057   *ciparemos en el sepelio, que esta pena le duele a toda nuestra*

raza, y, en cambio, la ciudad aplaude las acciones que son jus-
tas en unas ocasiones y en otras no lo hace.

⟨ Semicoro 2.°⟩

Nosotras, al contrario, con este nos iremos, conforme de con-
suno lo aprueba la ciudad y la justicia, ya que, después de las
deidades y del poder de Zeus, fue este sobre todo el que salvó a 1062
la ciudad de los cadmeos de que fuera vencida e inundada por
olas de soldados extranjeros.

(Salen de escena ambos cortejos.)